ナニカトナニカ

大竹伸朗

新潮社

目次

写　真　大竹伸朗
タイトル文字データ作成　小関学
装　幀　新潮社装幀室

ナニカトナニカ

高架下ビエンナーレ

一九七〇年代後半に初めてロンドンに長期滞在した際、ストリート光景で強く印象に残ったもののひとつに街中のポスターがある。

「街頭ポスターと絵画」というと、大正から昭和にかけて活動した大阪出身の洋画家佐伯祐三の作品がかろうじて思い浮かぶ世代ではあるが、時代が移り変わってもなお、横文字ポスターは「絵になる」ことを当時のロンドンで実感した。

印刷解像度や洗練されたデザイン性、ディテールへの過剰なこだわりもポスターの可能性の一つでしかないこと、そしてポスター自体の機能性云々とはまったく無関係に、生み出されるポスターと路上との運命的な相性が存在することを体感した。その関係から生み出される一刹那の「風景」、そんなことを意識し始めた。

当時は「グラフィティー・アート」というカテゴリーは確立しておらず、ロンドン街中でスプレーによる落書きを見かけることはあったが、「壁とポスター」の関係性により刺激を受けた。

当時のパンク・ムーブメントの影響か、音楽系のポスターには過激な試みも多く、文字なしのイメ

ージだけのもの、またダダイズム的なコラージュ手法による一見意図の見えにくいデザインや蛍光色による印刷物が印象に残る。

正規のルールにのっとったポスター類は、街中の指定の広告ボードに定期的に貼り替えられていたが、指定無視で違法に貼られたパンクバンドのモノクロコピーの告知ポスターやチラシも多く見かけた。当時はまだ世界中の路上に様々な階級の武器にもなり得る「印刷物」があたりまえに溢れ、印刷物による視覚ノイズが鳴り響く時代だったのだ。

学生のころ、五〇年代から六〇年代のヨーロッパ圏の作家による作品カタログで、街頭ポスターを剝がし画面上に再構成して貼っただけのものを目にした。壁から雑に強引に破り剝がされた際、斜めの切り口に生じる色とりどりの「色断層」に艶っぽい「密度」を発見した。その層は、ヨーロッパ圏では街頭ポスターはいちいち取り除かず、古い層の上に次々貼り重ねていくらしいことを示していた。

それ以来、印刷物のブ厚い塊層と化したポスターの端が反り返ってめくれ路上に突き出る光景に遭遇したときは、垂直に立つ地層がのしかかってくるような創作への心地よい圧迫感を感じた。

それは、誰もが見落とす日常の場に唐突に出現し、誰からも存在価値を見つけられないままに廃棄されていく不気味な「ストリート系衝動スイッチ」そのものであり、こちらの神経を過激に挑発した。

ある日、ロンドン路上を歩いていると、高架橋の内部で作業する人影を見つけた。高架下の細長い大型ポスター用広告ボードが立ち並ぶレンガ壁の一角で定期的な貼り替え作業を行っていたのだった。

それまで作業現場に出会ったことがなく、邪魔にならない程度に離れた場所からしばらく様子を観察した。

ボード前に置かれた脚立上では、作業服姿の男が二人、長い柄の先に四角いスポンジ状の物体が付いた道具を粘度の高い液体接着剤が入ったバケツに浸し、期限切れポスター上にザップリと塗ると、ボード上部両角に新たな特大サイズのポスターを柄の先で器用にシワの入らぬよう押さえつけつつ貼り作業を進めていた。機械的に淡々と繰り返される「単純作業」とは裏腹に、刻々と劇的に変化していくボード上のイメージの対比の見事さに呆気にとられた。

薄暗い高架下で、ゴワゴワに波打って固まる層状の大画面に向かい棒状の道具で滴り落ちる大量の接着剤を塗り付ける姿は、見たことのない絵画への可能性を未来に向けて路上に放射しているようにも見えた。

何も考えずドンドン上に貼ることを淡々と繰り返せ。貼り終えたと思ったら考えることなくまたその上に貼っていけ。そこに「無意識の層」が生まれたと感じるまでそれを繰り返し気に入らなかったら破り取れ。破り取ったらそれを貼れ……高架下からはそんな無言の濃密な空気がこちらにモワリと流れ出てきたように思えた。

はるか遠い日々の出来事だが、その感覚はいまだ鮮明に身体に宿っている。

大分先だと思っていた夏の展覧会がいつのまにか目の前に迫ってきた。

展覧会が四カ所でほぼ同時期にスタートするというのは初めての経験で、なんとか乗り切りたい。気持ちがはやる。とはいうものの作品数点がまだ未完成という現状の中、微妙な綱渡りの時期に突入していることを実感する。まずは数日後からのヴェネチアだ。

今年は初めてヴェネチア・ビエンナーレへの参加が決まり、指定の会場にこれまで制作したスクラップブック全六十六冊を展示することになった。

約三十年前のロンドンでの個展でも絵画作品とともに数冊展示したが、その後も作り続けることになったスクラップブック全冊をヨーロッパ圏でまとめて発表するのは今回が初めてだ。これまで長期間作り続けてきたページの集積ということもあり、通常の展覧会とは若干異なる心持ちだ。

ヴェネチア現地での勝負は特製の展示ケース内に理想通りに設置できるかどうか、あとは現場でチェックする以外方法はない。

この心情は「あきらめ」とは当然異なるが、三十数年間という決して短くはない時間の中で続けた自発的な行為の発表は、どうであれ現地での結果を単純に受け止める以外術はない。「呆気ない爽快感」そんな心境だ。

帰国後、真夏の瀬戸内周辺三カ所での展覧会最終準備に取りかかる。

二カ所は美術館での個展、残る一カ所は瀬戸内女木島《めぎじま》の女木小学校中庭全体の作品化で、作品設置と現地制作が同時に進行する。

宇和島の作業場では年明けから取りかかっている六×四メートルの平面作品が進行中だ。これまで関わった作品と比べると非現実的なサイズで、現時点ではその絵の最終形はまだ見えていない。

制作開始から四カ月間、混沌とした状態が続いたが、先週のある日の午後、予定外の色を画面上にまいた瞬間から事が進展し始めた。

あの日の高架下で感じた感触を手がかりに新作を作ってみよう、それがこの作品のスタートとなった。

画面の最下層部分には一メートル幅の帆布を敷いて全体サイズを組み、その上にポスターや雑誌ページ、使用済みビルボードなどの印刷物、また送られてきた郵便物用紙袋や封筒やカード、チラシ等の紙製の不要物をとことん貼り込むことを毎日繰り返した。

最終的に油絵具を使用することは決めていたが、下地はキャンヴァスではなく、日常に入り込み不要物として消えていく紙類を使うこと、そう決めた。

あの日高架下から流れてきた「層」と一体化した正体不明のモンヤリとした空気……それに対する返答の機会が三十数年後に訪れたように感じる。

現在大画面が完成に至るかどうかは不明だが、興奮と絶望が目まぐるしく変化する淵に立っている実感だけはある。

二〇一三年七月

ヴェネチアの愛

初めてヴェネチアを訪れた。

今年十一月まで開催中のビエンナーレへの参加が決まり、その作品設置が主な渡航の目的だった。遅まきながらのヴェネチア初体験はいろいろな意味で予想を超える新鮮な驚きがあった。

今回第五十五回目のヴェネチア・ビエンナーレのテーマは総合ディレクター、マッシミリアーノ・ジオーニ氏が提唱した「エンサイクロペディック・パレス」、直訳すれば「百科事典的宮殿」といったことになるのか。百科事典と宮殿？　その字面から、これまで感じていた「現代美術的」なものとは異なる空気を感じた。まだ世界に未知のものが溢れ、「探検」や「冒険」「観光」といった言葉に人類が心おどらせ、大きな木製の写真機がまだ魔法の箱だったころの十九世紀の地球、そんなイメージが浮かんだ。

英語圏での「エンサイクロペディア」が日本における「百科事典」と完全に同義なのかどうかはわからないが、それがあらゆる専門分野の言葉や定義についての解説書といったニュアンスであることには違いない。

「百科事典的宮殿」から、ブ厚く古めかしい本を模した地上五十階くらいにそびえ立つ巨大建造物を思い浮かべてみた。

その全体像はシンプルで直線的なデザインではなく、要所要所に具象彫刻が組み込まれたディテールが植物と絡み合う有機的な曲線による建造物だ。内部は様々な様式で装飾された無数の小部屋が連なり、その壁や床には、自然や人類が生み出した創造物が混沌とひしめき合う「知のジャングル」的空間。

百年以上続くビエンナーレでは、総合テーマに即した作品はヴェネチア東部にある公園と造船所の広大な敷地内の建物に展示されることを聞いてはいたが、そんな妄想が増すばかりで現実的なイメージの焦点が結んでいかなかった。

ヴェネチアまでの行路、出品作であるスクラップブック六十六冊を雑然と積んだゴンドラが行くあてもなく波間にプカプカと浮かぶ、そんな逆光のアドリア海が頭をよぎるばかりだった。

これまで様々な折にヴェネチア情報には触れてはきたが、改めて思い浮かべれば、水に浮かぶ都市、ゴンドラ、ルネサンス、サン・マルコ広場、教会、カーニバル、ガラス工芸、ビエンナーレ、アカデミア、橋、海、島……こんなもんだ。

それらのあやうい言葉の欠片からいくら思いを馳せたところで、手ごたえあるイメージには到底行きつかない。最終的にはヴィスコンティの映画『ベニスに死す』の断片的シーンが頭の中でぼんやり発光し始め、ボーダー柄水着姿の美少年ビョルン・アンドレセンの無表情な笑みがきらめく砂浜とともにフェイドアウトした。

その映画の影響もあり、そこがとてつもない美の地であることは感じつつも、実体なき浮遊感がま

とわりつき、縁がないかぎり進んで訪れることはないと感じていた場所だった。

今回、一週間あまりの慌ただしい滞在にもかかわらず、長きにわたり霧の彼方に曖昧模糊とあり続けたヴェネチアからは、こちらの想像や妄想をはるかにしのぐ強烈な美の粒子を身体に送り込まれると同時に、その地に立たずして語ることの無意味さを感じた。

水路と路地が入り組んだ中世のままの時間がゆっくりと流れているような迷路状空間、水際ぎりぎりまで迫り垂直に立ち並ぶ家々。それら現実の光景をどんなに凝視しても、たった今まで歩いていた街中のすべての堅い路面が一瞬のうちに水に溶け出してしまったかのような、どこか宇宙的な錯覚を幾度か覚えた。至近距離の朽ちかけた壁のディテールから、見渡す限り現代建築がまったく入り込まない遠景まで、視界の一切に現実感が追いついていかない、そんな思いが込み上げた。

限られた時間の中、滞在中の宿泊先アパートから寄り道しつつ徒歩で展示場まで通い、多くの作品を見ることができた。普段頻繁に展覧会を訪れる習慣がないこともあり、この機会に出来るかぎり見てみようと思った。

展示場の内外から飛び込む視覚情報量が限界間際に達する毎日だった。目の当たりにする展示作品群には、「多岐に渡るジャンル」「数の多さ」「雑多なスタイルや素材」「時空の妙」と、事前に勝手に思い描いていた妄想的先入観と重なる部分があるように思えた。

高校生の頃に画集で触れ衝撃を受けたリトアニア出身の画家ゾンネンシュターンの部屋、同じくその頃夢中になっていたアメリカのコミック作家ロバート・クラムの原画にそこで出会え、通常のコンテンポラリー・アートの括りとは異なるものを感じた。

「作品」や「作品的」提示物、「物体／物質」等が「百科事典的」という客観的な場所に一旦置かれることで、「目の前の物が体験者にとって一体何なのか？」を再吟味し浮かんだ印象を記すための「索引帳」を手にしているような気分になった。

個人的に、全体を通して強く心に残ったのは、それぞれの作品の芸術性や作家性、それらの傾向や意味といったこととはまったく隔たる感覚だった。

それをあえて言葉にするなら、何かを生み出す際、自ずと湧き上がる「愛」のようなものだった。絵を描き始めたころ、一枚の紙を手にしたときに込み上げてきた「愛おしさ」の感覚。鑑賞中、久しく忘れていたごく初期の透明な気持ちがフツフツと湧いてきた。慣れたら終わりだな……そんな言葉が口をついて出た。

稀にうまく描けたと感じる絵の根底には、制作中に画面上で刻々と変化する物質的な質感と作品素材が絡み合うことで生じる「快感」が貼り付いている。「素材」に対して湧き上がるリスペクト心や愛情の感覚がない場合は、その時点で作品は予期せぬ場所へは絶対に連れて行ってくれない。会場内の作品群を見ながら強く感じたのは、自分ではとうの昔に分かりきっていると思い込んでいたことに対しての鮮烈な警告だった。

ヴェネチアから戻った翌朝、制作中の作品のため瀬戸内海に浮かぶ女木島に向かった。人口二百人に満たない小さな島だ。フェリーから島に降り立ち、久しぶりの海景を見渡すと波音と風音だけが聴こえた。

ここはヴェネチアではない……足元から見渡す遠景まですべてが丸ごと日本であることを実感した。何度も通うその島には荘厳な歴史的建造物はないが、島を取り囲む海と人との確かな関係がここにも同じようにあり続けているように感じた。

ヴェネチアの会場で、なぜ「愛」に似た感覚が湧いたのか考えた。

絵という共通言語で絶対に忘れてはならない文法は「正直」さである、展示会場では子供のころ当たり前に感じていたそんな空気に触れていたのだと思った。

二〇一三年八月

YAMAHA
150

白い線路

猛暑続きの列島がすでに茹で上がり気味の今年の夏、四国の香川県内三カ所でほぼ同時に大規模な展覧会が始まった。

「瀬戸内国際芸術祭二〇一三」と同時期のオープニングということもあり、プレスツアーやトークショーにも遠方から多くの方々に参加いただき、蓄積していた言い訳がましい疲労感は一気に吹き飛んだ。

これで、今年十一月まで開催中のヴェネチア・ビエンナーレを含めると四カ所すべての展覧会が足並みを揃えた。

今回は数年ぶりの大規模な展覧会ということもあり、それぞれ開催地に隔たりはあるものの、個人的には四カ所の作品すべてを通して現在における「個展」といった気持ちが強い。組み立てに時間を要する大作多数を含むそれぞれの会場に計七百点あまり、それらを同時期に展示する機会はそう訪れない。無理を承知でこの機会にできるだけ多くの人に観ていただきたい、そんな願望が募る。

国内での展示場所は、高松市と丸亀市二カ所の美術館、そして高松市に属す女木島の女木小学校中庭だ。

高松では「記憶」をテーマに過去の作品群を組み立て直し、また丸亀ではこの三年間に制作した大型作品を含む新作を展示している。

もう一つの展示会場である女木小学校では、二〇一〇年に続く二回目の「瀬戸内国際芸術祭」の一環として、春の会期から変化した「女根《めこん》」を展示している。

高松港から北沖四キロに位置する女木島の女木小学校は、二〇〇五年から休校状態のため、校舎全体を自由に使用することはできない。そのため比較的縛りの緩い中庭から季節を追いつつ作品を進化させていこうと考えている。

三年ほど前の夏、これら三カ所での展覧会が決まり、それぞれ少しずつ詰めてきたが、通常展覧会の明確な内容が最終的に姿を現すのは開催間際といったことが多い。特に展示内容に大きな新作を含む場合は最終の全体像が直前まで常に揺らぐ。

オープン後にそれまでの筋道を後から振り返ると、企画に向けたアイデアの大半は実現されないことが多い。

実現せず消え去る運命のいくつかの事柄は「見えない層」として展示最終案の強度となることも多々あり、どれだけ偏見を持たずまた億劫がらずに物事に取り組むかが大きな鍵となる。

展覧会の内容がほぼ出そろった最終段階にあっても、好奇心を覚える事柄には躊躇なく立ち入っていく。一見無意味に思える「寄り道」にこそ本道を大きく動かす出来事が隠れている。コンセプト重視とされる現代美術においても最終的には理屈を超えた出来事や勘が結果を大きく左右するといった考え方は昔から変わらない。

会場の一つ「憶速《おくそく》」展開催中の高松市美術館は開館二十五周年に当る。

今回の作品設置作業中、美術館開館年である一九八八年は、奇しくも自分自身が活動拠点を東京から愛媛県宇和島市に移し、長女が生まれ自分自身が家族を持った年と一致することに気がついた。

そう思うと今回の展示場所である高松と制作場所である宇和島を始発駅と終着駅という関係でつなぐJR四国予讃線がこれまで気づくことのなかった運命的な路線だったように思えてきた。展覧会テーマの核となる「記憶」とそれぞれの地で過ぎていった二十五年間という「時間」との関係にも深い因果が横たわっているように感じた。

高松展では、テーマに沿って、今回初めて二十一分間に編集した映像「宇和島」と、一九七七年ロンドン滞在時から今年までのスケッチブックから九十六冊を選んで初めて展示した。

それらは共に二十五年前に宇和島に拠点を移した当初の日常が生々しく感じられ、これまで意識的に展示を避けてきたが、今回の「記憶」というテーマから、思い切って展示することにした。

会場内のスケッチブックは、通常日本画の掛け軸などを展示するための長さ二〇メートルほどのガラス展示ケース内に年代を追って陳列することにした。

傾斜した展示台上に横並びに淡々と並ぶスケッチブックの展示ラインは、これまでの自分の記憶をコマごとに露光してつなげた一本のフィルムのようにも、またロンドンから高松に続く奇妙に曲がりくねる白い線路のようにも思えた。

宇和島に拠点を移す以前、スケッチは遠出の際が多く、東京の日常で描いた記憶があまりない。

今回の展示を見るうちにスケッチの数が増え始めたのは、宇和島に移った二十五年ほど前と重なることに初めて気がつき、自分とスケッチとの関係を改めて考えた。

制作の構想準備的な役割として、また人によってはスナップ写真代わりやメモとして、スケッチの目的や動機は人それぞれだ。

個人的には、制作前にラフスケッチをすることはまずない。事前プラン的な作業は一発勝負の緊張感を奪ってしまうことが多く、面白みが激減してしまう。

自分にとってスケッチとは、光景や風景、また人物の日常的な動きに対して反射的に起きる衝動に近い。


オープン直後の会場で、田舎に移り住んで美術活動を志す若者から作品に関してのアドバイスを求められた。

田舎暮らしで世界を語る目の前の若者の思いに、一瞬自分の上に流れた時間が重なり、二十五年前宇和島の山奥の資材置場で開始した制作の日々の中、気がつけば日常化していたのがスケッチだったことを思い出した。

それは創作活動の一環といった悠長な事柄ではまったくなかった。パソコンや携帯電話のなかった当時、展覧会の機会もなく山奥で過ぎる時間と共に、このままこの世から消えいってしまうような行き場のない圧倒的な不安を中和する唯一の手段、それが日常をスケッチすることだった。

都会の価値観から隔絶された地で創作を続け、思い描く世界を作り上げようとする意志には徹底的で非情なまでの強度がいることは目の前の若者も同じだろう。見知らぬ地で日々ジワリと足元から忍び寄る「無反応と無関心」という岩盤状の壁、その壁をとりあえずこじ開けていくための信じられるツールを持つこと。作品に対するアドバイスではなく、結局そんな漠然とした自分の思いを話して、青年と別れた。

自宅の居間にはスケッチブックと筆ペンがいつも置いてある。とりたてて描いたページを見返すこともなく、今もスケッチブックは淡々と数を増す。ページが増えていくことは同時に大きな歓びでもある。うまくいった線を見つけると、ただ嬉しい。

自分にとっていかなる理由があろうとも、スケッチブックとスクラップブックのページが止まるとき、自分の中から何かが消えることは確かだ。

二〇一三年九月

エロニガい気配

先日「創作に影響を与えた雑誌／印刷物」というテーマで雑誌取材を受けた。時を同じくして別の出版社では「雑誌付録としての雑誌」制作の依頼もあり、漠然と自分にとっての「創作と雑誌の関係」について考えた。

「雑誌」に興味を持ち始めたのはいつのことだったろう。思い浮かぶのは物心ついてから手にした月刊少年漫画誌だが、二歳から八歳まで家が蕎麦屋だったこともあり、客がときどきテーブル下に置いていく成人向け週刊誌、いわゆるエロ本に出会った衝撃は少年漫画誌を一瞬で葬り去った。

「どうしても見たいなら個人で決行すべし！」

その時のガキなりの妙な感情は「雑誌」に対しての絶対基本要素として創作への重要な衝動につながっているようにも感じる。結局、幼稚園へのエロ本持ち込みを決行し見つかって親が呼び出された。

「雑誌」初期にはそんなエロニガい思い出がある。

自宅の本棚は活字系の書籍や画集が中心だが、数はそれほど多くはない。ジャンルも雑多で特に芸術関係が多いといったことはない。

仕事場の本棚に並ぶのは書籍類より圧倒的に画像入りの印刷物が多い。だが、それらの大半は安価な雑誌系のもので、絵画やデザインに関する専門書は非常に少ない。

東京に仕事場があったころは、気が向くと洋書屋や古本屋に出向きハードカバーの画集や写真集を購入していたが、宇和島に移ってからはそんな習慣も途絶えた、というかそもそも洋書店がない。かといってネットで画集類を購入することもまずない。

現在手元に残る雑多な雑誌は、二十年以上前までに様々な国で手に入れたり見知らぬ他人から送られてきたものがほとんどだ。

それらの内容やテーマは表層的にはまるで一貫性がなく、「絵画」に関するものは皆無といっていい。思えばこの「一貫性のなさ」は自分自身の作品にもいえ、「雑誌の嗜好」との間には一貫性がありそうだ。本棚に並ぶのは、「反射的・感覚的に興味を覚えた印刷物」なのだが、そこに現れる「一貫性のなさ」という特徴は、逆に「一貫性」の本質的な意味を投げかけても来る。

依頼を受けた雑誌特集の当初のテーマは「創作と書籍」であったが、「創作と印刷物」に置き換えるとイメージがよりぐっと広がってきた。

かつて今より大量に街中に貼られていたポスターやチラシ、十数年前までは当たり前に電話ボックス内に装備されていたピンクチラシなど様々な「印刷物」のことに思いを巡らすと、これまで出会った無数の雑誌カバーが次々と頭の中に流れ出す。

「雑誌」とは複数の執筆者や記者が書いた作品や記事・写真などを掲載する定期刊行の出版物、と辞書にある。それに加え、「雑誌」には雑多で雑種なものが複数折り重なりひとつの器に盛られている、そんなイメージがある。

個人的には「雑誌」と「アナログレコード」とはジャンルが近い。

レコード収集には音楽の内容とは無関係にジャケットカバーに惹かれレコードを購入する「ジャケ買い」がある。

この「ジャケ買い」感覚的な直感力は自分の創作にとっては非常に大事な基準でもあるが、本棚に並ぶ雑誌も「カバー買い」によるものといっても過言ではない。

「書籍」が思想やコンセプトと直結するものとするならば、「雑誌」は出会う人物の潜在意識や微妙な心の動きとより深い関係があるような気がする。雑誌類コレクションの特徴である「一貫性のなさ」は、「雑誌」から引き出された自分自身の無意識と関係しているのだろう。

初めて訪れる国、特にアラビア語圏の古書店との遭遇には常に表現しがたい興奮を覚える。いつも真っ先に見るのは店先の箱に突っ込まれた雑誌類や雑印刷物だ。まったく理解を超えたアラビア文字と古い印刷による奇跡的なカバーをまとう雑誌に出会ったときは、一瞬前世の網膜フィルター越しに世界を目の当たりにしているかの神聖な感動を覚える。それは「理解」ではなく「体感」であり、頭に一気に血が駆け上り、うっとりとし、そして、絵に置き換えなければという思いに至る。

手元に残る「創作に影響を及ぼす雑誌」を手にするとき、ふとこの世に立ち現れた「気配」が印刷物の中に閉じ込められているかの気持ちになる。その「気配」自体の重さや匂い、手触りや質感を通じて、こちらの創造力を試す。雑誌には瞬時に絵に落とし込む道筋が見えるものもある。そうではないものも「気配」を密封したまま「創造起爆剤」として世界中の古書店頭に散らばっているのだろう。

一九八〇年初頭、スクラップブック制作と並行して、コピー用紙を束ねホッチキスでとめただけの個人的通称「ホッチキ本」も作っていた。

一枚のコピー用紙でも小さくカットして二つ折りにしたものを束ねるだけで見え方、伝わり方が大きく変化した。

それらを作品として展示するといった意識はないままに、知り合いにあげてしまったため、大半は手元にない。

日常にパソコンがない当時、貧乏美大生にとって「カラー印刷物」は手の届かぬ高価で非現実的なメディアであった。

カラーコピー機もやっと企業レベルで普及し始めたころで、学生が手に入れるには高価すぎた。解決法としてカラーコピー機器会社のモニターになり、毎月一度の限られた時間内に持ち込んだスクラップブックページをコピーした。

モノクロコピー冊子のカバーだけでもカラーに、といった思いからだったが、本文ページに二、三カ所のカラーコピーページが挟み込まれるだけでも、えらく「リッチな気分」になった。

そんなことを繰り返すうちに興味を持ってくれる人物を紹介され、コピーではなくオフセット印刷による「雑誌」を作るという夢のような機会が訪れた。

当時手元にあった切り抜き帳と自作のコミックスや線画を組み合わせてページを組み、紆余曲折を経て最終的に、一一一×七一ミリ、本文六四ページ、ザラ紙二色刷りの手の平に乗る小さな「雑誌」として形を成した。

雑誌はその後定期的に出る予定だったがまったく売れず、創刊準備号（三千部）のみであえなく終了した。

その後三十年あまりが過ぎ、わずかに手元に残る創刊準備号は、自分にとって初めて出版された

「画集雑誌」であると同時に「初心」と「地獄」の入り混じる「気配」の束であり続けている。

二〇一三年十月

瀬戸内海とテムズ河

自分でも「アートの世界」で何かできるかもしれない……そんな風が心の隙間に吹いたのは何がきっかけだったのだろう？

特別大げさな思いではない。世間的に受賞等で認知されたとか経済的に安定し始めたとか、そういった具体的なことではなく、意味とか確信とは別にアートをもう少し続けてみよう、といったふとした思いだった。

そんなことを考えたのは、展覧会開催中の会場で若者に呼び止められ、彼の持参した作品についてとりとめのない話をしていたときだった。

集中的なアルバイトで得た資金を手に、観光ビザでとりあえず他国に入国し、パスポートにドンッと押されたスタンプの滞在許可期限を眺めつつ先の計画を練る、そんな海外渡航を繰り返していた自分自身の経験も多少関係しているように感じる。

「アート」に関しては特別な思いこそあれ、具体的な計画のないままに開始した海外経験で最初に感じたのは、どこに行こうが始まらないものは始まらないという事実だった。

Evening News
MARC
BOLAN
KILLED
Evening News

頭では予想していたものの、一向に始まらないアートへの現実は想像を超えてのしかかってきた。一年ほどで貯めたアルバイト代と餞別資金を手に数カ月の滞在目的でロンドンへ来たものの、遠くから忍び寄るのは異国の日常で初めて味わう厄介な重圧でしかなかった。思い描いていた「激変」とはほど遠い己の無力さに対する再自覚、逆に遠のいてしまったようなアートへの現実、自分の未来はどうにもならないかもしれないといった不安が日々増していった。

「その場にいる理由」があらかじめない足元では、本質的な転機につながるような「特別な出来事」が起きることはまずない。出来事どころかそこに住む人と知り合う機会も稀で、英語を母国語としない国からの外国人と立ち話するくらいが落ちだった。

一カ所に長く暮らすうちに日常の瑣末なディテールを起点とする運命のカケラが舞い降りることもあるのだろうが、その瞬間とタイミングが合致することは限りなく稀だ。

子供のころから絵画の賞には縁がない。二、三度学校側が勝手に出したコンぺも結果はいつも参加賞で、記憶に残るのは金文字の打ち込まれた鉛筆だけだ。

公募展に応募して大きな賞を受けたのがデビューへのきっかけになった、という話はよく耳にするが、もちろんそんな経験も特になかった。

改めて当時を思い浮かべ、自分にとって転機の風を送りこんでくれたのは、初めて訪れたロンドンで偶然出会った一人のイギリス人だったことに行きつく。たまたま彼の作品展に出会い、それまで経験したことのない最大級の衝撃を受けた。見ず知らずの自分に対してアーティストとして接してくれた最初の人物だった。

帰国後も手紙のやり取りは続いたが、自分にとって彼は雲の上の存在であり続けた。彼が「アーテイスト」であること以前に、とても「いい奴」だったことには大いに救われた。アーティストもまったく普通の生活者でいい、そんなことを気づかせてくれた人物でもあった。

国内での日常とは異なり一人でいると何かと惨めに感じることの多い海外生活の最初期に彼に出会えたことはとてもラッキーな出来事であったことを今さらながら思う。

才能と人格は別だといったことをよく耳にする。おそらくそれは事実だろう。しかし自分自身を振り返れば彼との出会いがあった御陰で、他人に対して極力嫌な奴にはなりたくないといった思いが深く根付いた。それが彼同様に実行できているかどうかは疑問だが、それ以降他人に対する思いが大きく変化したことは確かだ。

二十代半ばにさしかかった二度目のロンドン滞在中のある日、そのイギリス人のアーティストから彼の関わるバンドの出演するコンサートを手伝って欲しいといった趣旨の電話を突然受けた。

ドイツ出身の新進気鋭のバンドの前座として二十分間を予定しているライブ中、ステージ上で彼の指示書通りにパフォーマンスを行って欲しいといった内容だった。電話口の声を聞きながらあまりにあり得ないことだと驚いた。

結構な年齢になってきたことを自覚しながら、一ミリたりとも思いの届かない「アート」の世界に悶々としていた時期でもあり、その一本の電話は地球上で初めて他人に存在を許されたようで心が一気に軽くなった。

依頼の内容はともあれ、尊敬するアーティストに必要とされたことに浮き足立つと同時に、自分でも何か出来るかもしれないといった希望が芽生えた。英語もまともに話せない自分が果たしてネイティブのアート集団に加わり期待に応えられるのか、当然不安もドッとのしかかってきたが、何とかなると思うことができた。

心の中に頑なに在り続けて動かない岩盤に対して、初めて立ち向かう意志が生まれた。

「何でもいいからやる」といった徹底的に前向きで一途な思い込みは予期せぬ流れを生むことがある。

ライブ当日、直前に渡された綿密な指示書を手に立ったステージ上は予想を遥かに超えて照明が暗く、最重要事項である指示内容をまったく解読できなかった。結局アドリブで対処するしかなかったのだが、パフォーマンスは予定時間を大幅に超え、すでに演奏を終了した他のメンバーがステージから去った後も壇上に一人残されたまま敢行せざるを得なかった。結果、そのアドリブ行為はかえって功を奏し、なんとか切り抜けることに成功したのだった。

そのライブ体験自体は「絵を描くこと」とは無関係ではあったが、メンバーの一員として微力ながら参加させてもらった二十分あまりの時間がその後の創作活動の起点となったことは確かだろう。


現在秋の「瀬戸内国際芸術祭」会期に向け、再び女木島に通う日々が続いている。

休校中の女木小学校の中庭で制作する「女根《めこん》」という作品に新たに高さ一〇メートルあまりの鉄塔を建て、その上部に百三十本あまりの廃棄ネオン管とスピーカーを、また庭地面にモザイクタイルを敷くというのが当面の目標だ。光と音とモザイク、これらの設置をもって、春からつづく今回の芸術祭での作品制作は一旦終了する。

長期にわたりこの作品に関わって強く感じたことは「偶然」と「タイミング」だ。今回女木島作品に使用した素材は鉄屑やタイルなどだが、それらの大半は使用済みの廃棄物であり、あらゆるレベルでこちらの要望とは無関係、すべては偶然による形や色に身を任せるしかない。

「何でも使う」といった意志を強く持たないと漠然と頭の中にある完成形に近づくことは難しい。「何でもいい」と本気で思うことは、自分だけの力では到底行きつくことのできない形との出会いを生み出すことがある。

進行形の作品を前に、この島を囲む瀬戸内海もテムズ河に遠くつながっていることをおぼろ気に感じた。

二〇一三年十一月

ダダな指先

イギリスの公営ギャラリーからシルクスクリーン版画の制作依頼があった。

来年年明けからロンドンで開催される、ベルリン・ダダ運動唯一の女性作家であったハンナ・ヘッヒの回顧展に合わせたトリビュート企画の一環だ。

彼女の作風がフォトモンタージュやコラージュといった手法と強く関係することが依頼につながったらしい。

作品サイズは大まかに決められているが、テーマに関して特別な制約はない。

今回の予期せぬ制作依頼をきっかけに、長らく忘れていた「ダダ」という言葉が再び浮上した。関わるべきテーマはこちらの思惑を超え、いつもこんな風に向こうからやってくる。

ダダ？　もし海の向こう側でヘッヒ展がなければおそらく「ダダ」への思いは遠い青春の思い出の一コマで終わっていたに違いない。美術に関心を持つ者にとっては避けて通ることができないのがダダイズム、美大に通っていた頃はそんな気運がまだあった。

二十世紀初頭のヨーロッパを中心に様々な都市で勃発し短命に終わったダダイズム運動からほぼ一

世紀を経た今、時代認識や価値観は目まぐるしく変化している。現在においてもアーティスト志望の若者をのめり込ませる引力を持ち、姿形を水面下で絶妙に変化させながらその核となる精神がしぶとく生きのびているように感じるのは気のせいか。

七〇年代半ば、不世出のパンクバンド、セックス・ピストルズ経由の影響によるものだったのか、七〇年代後半のロンドン街中で目にする音楽関係のグラフィック、特にアルバムジャケットやポスター、ファンジンにはコラージュやフォトモンタージュによる手法、またシンプルな太目のブロック体のタイポグラフィーが目についた。

ビリビリに破かれたイメージの断片で覆われた画面に感情的な手描きのパンク系文字が被さるのではなく、無駄を削ぎ落とし極限まで素っ気なく古めかしいフォントがその印刷面上に「知の質感」を浮かべるとき、そこに「ロンドン」が匂った。

その匂いには「ダダ」の二文字が当然の如く色濃く貼り付いていた。

自分自身がより意識的にダダ運動に興味を持ったのも、やはりその当時の音楽を通してだった。一九七七年にリリースされたブライアン・イーノによる四枚目ソロアルバム『ビフォー・アンド・アフター・サイエンス』三曲目の「カーツ・リジョインダー」という曲を耳にしたときだった。イーノによるヴォーカルに続く間奏部の裏側で楽器音から浮遊するように絶妙なバランス感覚で流れる「声」がした。それまで表面的に過去の出来事として、すでに摩耗しかけていた「ダダ感覚」が一瞬強烈に通過した。

調べるとその声の主はハノーヴァー・ダダを代表する作家クルト・シュヴィッタースで、彼自身が朗読した音響詩「ウルソナタ」の一部であるということに行きついた。

楽曲の硬質なビートにまとわりついて離れない有機的なその響きは、スットンキョーにあっけらかんと未来的、同時に、笑ってしまう一歩手前で音の連鎖分裂の渦に放り込まれる思いがした。その声はメビウスの輪状の声帯奥から吹きつける四次元からのカラッ風のようでもあり、音粒に乗るように心の中の形がうごめいた。

それは、音源要素として半世紀あまり過去の朗読音を緻密に組み上げ、暴力的に裏貼りするかのイーノ的作法の上に生まれた合体音だった。発表当時のパンク・ムーブメント冷めやらぬ空気も作用し、凍結されていたダダイズム時間が溶け出してジワリ「今」に重なっていく感覚があった。

そんな経緯を経て、偶然自分の中に切り込んで来た「音響」をきっかけに再燃したダダやシュールレアリスムへの興味を通してハンナ・ヘッヒ作品と出会っていたのだが、当時、特別強い興味をもって彼女自身や作品について意識したことはなかった。恋人関係にあったことも関係するのか、共に語られることの多いダダ運動の中心的人物ラウル・ハウスマンのものと混同していた作品も多く、今回の制作をきっかけに、反省を込め、改めてヘッヒによる作品を複製を通して可能な限り見てみた。

直感から選び取ったイメージ片をシンプルかつ大胆に構成する本能的嗅覚、またカラー印刷物素材への構成色彩センスに体温と品性、また観るものを一瞬で潜在意識へ放り込んでしまう自然体の力、これまで意識して見ることなく通過してきた多くの驚きを複製からも十分感じることができた。

十九世紀末に女性として生をうけ、ダダ運動を経てイーノが『ビフォー・アンド・アフター・サイエンス』を発表したパンク期まで時代の陰で生き抜き、八十八歳で亡くなるまで制作活動を全うした事実を今になって知るのは感慨深い。

関連文献にはダダ運動勃興期、唯一の女性ダダイストとして、多分にマッチョ傾向にあった男性作家達からは差別的な扱いを受けたことも記されている。晩年まで己の手による切り貼りを止めなかった彼女の一生には、男には到底行きつけぬダダイズムやパンク精神を超えた不条理な宿命を感じる。当時政治的な主張や論理性からは距離を置いていたというヘッヒ作品の本領が姿を現し始めるのは、もしかしたら二十一世紀以降の時間の中かもしれない。

「カット&ペースト」という共通項からなのか、コラージュ作画には「デジタル」がかぶる。色鮮やかな具象イメージはディスプレイモニター向きでもあり、ときにオリジナル以上に強い印象を残す。

デジタルの「真っ平らな世界」が出現したことで、個人的には「微妙な凸凹」への反応が変わった。

デジタル作品を集中的に制作した後、封筒裏の糊付け部分の紙一重の段差から予想外の制作衝動が生まれた。そのとき「封筒は立体物である」といった意識が生まれた。

その感覚は一枚の「封筒」をスキャンし、ディスプレイ画面を通して見ただけでは到底生まれ得ない感覚だった。一見便利な「スキャニング」の危険性も同時に感じた。スキャニング時に作品を圧迫すればするほどシャープさと鮮度と引き換えに、ディテールの妙が消えていく。

手貼り要素の多い原寸コラージュ作品ほどオリジナル作品を見たときの衝撃や発見が多い。

以前、目の不自由な鑑賞者と共に作品に触れるという主旨の展覧会会場にいた。

一緒に会場を歩いていた全盲の女性が台上の小さな人体彫刻に触れ始めた。

立体表面上を滑らかに走るその指先の繊細な動きに衝撃を受けた。この人は自分にはない感覚で物を本質的に見ている、という驚きがあった。自分は今まで本当に見ていたのか？　そんなことを思った。

「指先」、そこに「コラージュを見る」ことが関係している。

ディスプレイ光の中に浮かぶハンナ・ヘッヒ作品を眺めつつ、彼女が切り抜いた紙片を一つずつ貼っている光景を思い浮かべた。

二〇一三年十二月

線の言葉

この二カ月間かかわっていたシルクスクリーン作品が完成した。時間との勝負の中、満足のいく上がりにホッとした。

これまで小学校で知った謄写版やゴム版画、その後見よう見まねで試した木版画、美大で教わった銅版画や石版画、そして孔版画ともいわれるシルクスクリーンなど様々な印刷作品を経験した。

中でもシルクスクリーン印刷は、フィルム現像や製版焼付け作業、そして刷りと、完成までに専門的な工程を要するため、特に最初は一人ですべてをこなすのが困難な技法だ。色数や版のサイズにもよるが、通常はプロの刷り師との共同作業を経て完成に至るのだが、途中の色校正を含め、他の版画に比べ完成まで時間がかかる。

原画を複数の色版に分解後、色指定を終え最終形を想像しても、まず予想通りには上がらない。必ずどこかに予期せぬ箇所が現れる。

その予想通りに上がらない点が最大の魅力なのだが、途中その都度の先読み対応に迷いも生じる。制作過程がどうあれ、いつも思うのは共同作業での人との相性だ。

正しい指定が逆効果を生み、また大きなミスや勘違いが最大の効果につながるかどうか、それは途中段階でのニュアンス伝達の微妙なやりとりに大きく左右される。

お互いの信頼関係が最終的な刷り具合に大きく影響を及ぼす。結局いい関係なくして、いい印刷は上がらない。

印刷が印刷を呼び込んだのか、週一回三カ月、合計十二回分の新聞用挿絵の依頼が訪れた。投稿される俳句や短歌を著名な俳人歌人が毎週選んで評する、古くから続く紙面用の挿絵だ。俳句や短歌の世界に惹かれるところはあるものの、まったくの素人である自分に務まるのか一瞬とまどった。

紙面内の数センチ四方の小さなスペースにモノクロ印刷という体裁だが、絵の内容は自由、毎回の挿絵に「タイトル」を付けてほしいとだけいわれた。

新聞関係者の方が、二〇一三年夏の展覧会に初めて展示したスケッチブックを目にしたことが依頼のきっかけだったので、絵の方向性は日常風景を自由にスケッチしたもので統一しようと、はじめは気楽に構えていた。

締め切りが迫るうち、あらかじめスケッチで限定してしまうのは面白味に欠けるように思いはじめた。俳句や短歌とスケッチの組み合わせがえらくジジ臭くも感じてきた。「普通が一番」を言い訳にしていないか？　それ以外の方法はないのか？　すでに気持ちが「俳句や短歌」に寄りすぎていないか？

ふと心をよぎる根拠のない挑戦心のようなものは得てして逆効果を生むことも十分承知だが、一旦もたげた気持ちは元に戻らない。

これからやるべきことに予測がついてしまうと、風船が一瞬でしぼむように制作意欲が一気に失せた。このままスケッチはないだろう、もう、そう決めていた。

確実だと思っていたことが突然消え去り、掌中が空っぽになったとき、より良い選択肢に行きつくことがある。かえって専門的な知恵や知識がない方がそこに近づけることもあるようにも思えてきた。専門分野に対する門外漢なりの好奇心と試したい方向性、それらが自分の中で気負うことなく交叉する地点はどこなのか?


十代の頃から「ミスマッチ」的な情景に刺激を受けることが多い。あからさまな「狙い」しか感じないものには反射的に白けてしまうが、そこに当人の無意識の狙いも重なることがあり、安直に判断はできない。

どこかズレてしまっている、ズラそうとする意図は見えないがズレたまま誰からも気づかれることなく宙に浮く違和感のようなもの、街中を歩いているとそんな光景に出会うことがある。その場では、一見普通にしか見えないが、よく見ると絶対にあり得ない組み合わせが起きている。長年外気にさらされ続けた結果の経年劣化、衝突による破損、落書き、無神経な修理などの導く「事故」がかかわっている。

絵と風景は異なるものだが、それらに通底する万国共通のパイプを感じる。自分にとって街中は絵であり、その逆も真というパイプを伝い気配が立ち上がる。

相容れない要素それぞれがなぜ「調和」に至るのかを理屈に落とし込むのはなかなか難しい。予期せぬ「事故」の数々が層として合体する無意識的な「場」は、見る側に時間を超える関係を稀に起こす。

そんな在り方を引き合いに出すのはあまりに理想が過ぎるが、それは自分にとって絵と見る側との理想的な関係でもある。

周期的に黒いインクで線画を描きたくなる。「形のペント作業」とでもいうのか、気持ちが収まるまで集中的に線画を描く日々が始まる。共通するテーマに従って描くということではなく、日々心の中にハラハラと沈殿していく形を吐き出す感覚だ。神経がペン先を通して紙の上に形を落としていく要領で、心の中の形とペン先が絡み合うよう集中し、ペン先から紙上に形を逃がす。それらの形は常に自分にとっての「具象形」だ。その意識は以前から変わらない。目の前の絵を具象と感じるか抽象と感じるかは人それぞれだが、それらを分けることには興味がない。

自分の描いたこれまでの作品の中に「抽象」と断言されたものは多々あるが、自分自身はこれまで抽象画を描いたという自覚がまったくない。たとえ絡み合った線の塊にしか見えなくても、自分にとっては何らかの「具象形」であるといった意識が強い。

周期的なペン画作業でも心の中の「具象形」に集中する。しかし紙の上に現れた形は「明確な形」とはほど遠いもので、客観的に「具象」と思う人はほとんどいない。

新聞連載のための「タイトル付け」がきっかけとなり、そんなペン画作業が始まり、初めて手応えのある方向性を感じた。自ずと「俳句と短歌」とはまったくそぐわない感じに向かったことに納得がいった。

俳句や短歌とはまったく異なるものではあるが、「心の中の形」とタイトルという「言葉」との組み合わせを「自分なりの句」と考えれば、あながち構成紙面と無関係ではなくなるようにも思えた。

意味不明のモヤモヤした「具象らしきもの」が自分にとって何であるのか、その部分を「タイトル付け」作業のなかで探ってみたい気持ちが生まれた。「タイトル探し」を通して、「言葉」と「線」との行き来を試してみたいと思った。

挿絵の依頼がペント周期を促し、連載十二回分を終えた現在も、無目的にペン画作業が続いている。

二〇一四年二月

無と有の間に降る言葉

空港着陸の数分前、海上に突き出す矩形の地表に、色とりどりのコンテナ集積エリアが見え、斜め眼下を通過する。

上空から見下ろす巨人の積み木のような原色コンテナ群は、アトリエの床に散らかったままの箱入り油絵具が散乱する様を思わせた。無作為に積み重なるコンテナの色ブロックが織り成す光景は白波混じりの海と空の蒼と合体し、その全景は逆光の太陽が地上に無造作に放り投げ偶然できてしまった作品のようにも感じた。

直方体のコンテナ六面分の表面を紙で覆うとしたら一体どれほどの時間を要するのだろう？

飛行機の窓からの視界に心を奪われつつも、自分自身が一生で作り出すことのできる作品の総面積について漠然と考えた。


年明けから紙片を貼る毎日が続く。

まずは春過ぎの展覧会に向けての制作、その方法はいたってシンプルだ。紙裏に人差し指で接着剤を塗り、一片ずつ台紙に貼っていく。この繰り返ししか、完成ににじり寄る術はない。

頭の中に浮かぶ漠然とした作品面積を人差し指でミリ単位で埋めていくこと、それを二、三日繰り返したところでスタート時との違いはほとんどないが、そこからしか「密度」は決して生まれてきてはくれないことだけは確かだ。

作品とその「密度」との関係を思うとき、なかなか動き出してくれない巨大な金属製歯車が頭に浮かぶ。その歯車に対して微々たる力を繰り返し与え続け、何かの拍子にほんの少し動く感触を得た瞬間、初めて「密度」エリアに足を踏み入れたことを実感する。途中段階はない。淡々と繰り返す時間の中にいきなりその感覚は訪れる。

頭に浮かぶ五メートルの平面作品も数百ページのスクラップブックも、基本的にこのプロセスに変わりはない。そこに共通するのは「興奮」のない繰り返し作業では歯車は決して動いてくれない点だ。「面白い」と自然に思えること、それは想像以上に重要な創作要素だが、簡単なようでなかなか難しい。

ノルマ作業ではなく、中途半端な遊びでもなく、心が無目的に淡々とただ愉快に浮かんでいる、そんな状態には自ずと興奮が貼りついている。

「空気が宿る」、そう感じることがある。音楽を聴いていたり絵を描いていたり、また映画を観ているときに不意に心をよぎる感覚だ。

自分が反射的に心地よさを感じる作品には、その中にいい塩梅《あんばい》に閉じ込められた流動的な「時間と空気」の気配がある。作品周辺から付かず離れずのエリアで時間と空気が自由に動きまわり、「今」を自由に取り込みつつ新たな感覚を生み出す、そんな幸福な流れを秘めている。

その流れに人の感覚が触れるとき、感動や衝撃または心地よい磁力が生み出されるのではないか。そんな風に感じる。

平面作品と並行して立体作品の制作もゆっくりと開始した。夏に向けて一点新作を作るのだが、かなり大がかりな作品になりつつある。

大まかな構想は昨年十一月頃から考えてはいるが、最終的な形がなかなか見えてこない。様々な種類の雑多な物質がくっついた「大磁石」のようなものになると思うが、プランを練り込むにつれ、全体サイズと重量が当初の予定を大分超過してしまっている。

まずはすべてを物理的に支えるための構造体プランやそれらを組み立てるための作業場探しに時間を費やしていて、創作モードにすんなりと入っていけないのが現状だ。四カ月後を漠然とした完成予定に定めているものの、現実には無の状態だ。

一昨年、ドイツ、カッセルの森の中での制作で、既成のプレハブ小屋を使用する条件が前提としてあったことが、その後「住居」というテーマにつながった。興味の対象が建築物に移ったといったことではなく、単に人と居住空間との関係に、より好奇心を持つようになったのだ。

この数年間に関わってきた立体作品は、完成を目指す中、偶然出会い興味を持ち手に入った「モノ」が最終的な形を決定する傾向が強い。同じようなプロセスを経て、構想中の新作は「移動式住居」が基本的な形を成す気がしている。

現在漠然と頭に浮かぶ作品も、これから自分自身が出会う「モノ」の色や形が決定していくのだろう。だから、最終的にどのような形状をもって展示室に着地するのか、今はまったくわからない。

作品の形を組み立てていく際、たとえば「錆び付いた鉄製の扉」をイメージし、それに近いものを探すことから始める。どんな場所にそれはあるのか。どこで制作しようと最終的には人との出会いにかかっている。

運良く手に入れることのできた鉄の扉も、イメージしたものとまったく同じではないが、そこには必ず自分が「予期しなかったディテール」が待っている。そのディテールが作品にとって次に必要なものに導いてくれる。

初期段階で手ごたえのある形に至るまでは、その繰り返しを信じるほかない。それらディテールの連鎖が起き続けてくれることだけが、最終的に欲する「密度」への目安となる。

頭の中でイメージする作品のまわりを何度も歩き回っていると、テーマにつながる様々な単語がポツポツと浮かんでくる。

日常、仮、音、唄、映像、家族アルバム、風俗、電線、新聞紙、ダクト、ペイントスプレー缶、携帯ラジオ、無国籍、未来、過去、匂い、紙焼写真、上映告知板、時間、層、路上、段ボール、海上、陸上、壁紙、気象、ゴム紐、短波、ビニール袋、竹材、衣服、車輪、古タイヤ、ペンキ、汗、移動式、不法、屋台、マットレス、ガラス窓、放射能、回転式、風、茶室、シート、土壁、煙突、鏡、中古レコード屋、商い、看板、光、ポスター、エンドレス、混沌、植物、風化、きしみ、密室、宴会、電気……今浮かんでくるのはこのような言葉だが、それぞれがお互い勝手につながり合ってはイメージの様相をコロコロと変化させていく。

これらの言葉の断片が最終的な形となんらかの関係を持つのだとは思うが、確かめる術はない。立ち現れては消えていく言葉を手がかりに、ひとつでも多くディテール作りを続けていくしかない。

唐突に「群盲象を撫ず」の図が頭に浮かぶ。

以前どこかで目にしたその絵は、モノクロの木版画のようなタッチで浮世絵を思わせる古くさい画像だった。大勢の盲人が一頭の象に触れながら、それぞれがそれぞれの部分についてブツブツ独り言をつぶやいている、そんな情景を表現したシンプルな絵だった。

そこから頭に浮かぶのは、「群語空《くう》を撫ず」といった図だ。

中心にある見えない実体を無数の言葉が円陣を成して取り囲む。ガヤガヤブツブツ各々が言葉を漏らす空っぽへの表現はそれぞれ交叉することがないままに時間が過ぎていく。

頭の中で動き続ける言葉すべてを結びつけるたったひとつの形を遠くに感じる。だが、空っぽのまま終えるのか、形に行きつくのか、今はまだ確かなものは何もない。

二〇一四年三月

ロンドンの水たまり

一月、鈍色雲が上空にたれ込めるロンドンを訪れた。

冬場のロンドンは稀に顔を見せる晴間もすぐに暗雲にさえぎられる。そんな思いからか足元に束の間のクッキリとした陽光を見つけたときは、ネガティブになりがちな心の芯が一瞬暖を帯び、頭上から恩恵が落ちてきたような気分になる。

今回久方ぶりの滞在は、秋の個展に向けての会場下見が主な目的だった。

会場は二フロアに分かれていて、一階は八〇年代後半からの回顧的な流れ、二階は新作と未発表作品で構成する予定だ。展覧会の構成を決めるときは、通常平面図から展示会場を想像し、縮小模型の中に縮小版の作品を置いて絞り込んでいくのだが、最終的には会場に身を置かないと細部はわからない。ならば、まず最初に会場を見てから展示作品を決めていけばいいのかというとそう単純でもない。

ある一定の時間、想像的な試行錯誤を繰り返し、作品サイズと内容と展示空間のスケールがきちんと頭に組み込まれた状態が下見のタイミングにふさわしい。作品内容と頭の中の展示会場との一見無駄な照合の中で生まれてくる仮想強度のようなもの、それが後々展示空間に予期せぬ効果を及ぼすことがある。

展示空間自体が時間とともに培ってきた密度には独特なものがあり、自分自身がこれまで制作に費やしてきた強度が根底から問われる気分になる。

展示予定の最後の一点はまだ未完成、頭に浮かぶ絵を真っ白な壁上に投影し、帰国後の作品搬出までの残り少ない時間を思った。

八〇年代ロンドンで展示の機会は何度かあったが、大きなスペースでの個展はヨーロッパ圏で経験がない。

いつか納得のいく展覧会をロンドンでできればといった思いは長らくあったが、具体的な動きは何もないまま、気がつけば三十年近くの月日が流れた。秋の個展は自分自身に流れたその月日が問われるわけでもあり、当然恐さも覚えるが、ド緊張感をもって臨むしかない。

今回は展覧会場のあるビルの一室に宿泊させていただいた。だだっ広い三十畳ほどの倉庫のようなレンガ壁のワンルーム、家具は壁取り付け型ベッドとスチール机に椅子のみという究極にシンプルなインテリア、レクチャールームにも使用されるのか天井にはプロジェクターが吊り下がり、横長の大きな窓全体がスクリーン仕様になっている部屋だった。その素っ気なさに決定的に日本では生まれ得ない空気を感じた。

シャワーのみの浴室はあいにく整備不良から温度調整不能状態、真冬のロンドンの一室で気まぐれに水温を上下させるシャワーを震えながら浴びていると、いつのまにか立ちこめた頭上の湯気越しに三十年前のロンドンがこちらを見ているような気分になった。

展覧会場はロンドン東部に位置し、これまであまり馴染みのなかった地区を散策する機会を得た。

時間が空くと目的なく近所をブラつき、ちょっとした移動には、初めて手にする共通乗車カード「オイスター」を使って極力地下鉄とバスを利用した。

ブラックキャブことロンドンタクシーの丸みを帯びた車体の旧型オースチンが路上から消えて久しい。車種は変わっても相変わらずのオレンジ色の空車サインを目にすると、かつて耳にしたエンジン音、ドア開閉音や古臭い車内ヒーター音がいつしか鼓膜の奥に鳴り始める。

八〇年前後、この街には様々なアナログ音が溢れていた。

当時のロンドンの思い出は「風景と音」が当たり前に合体した記憶の層として自分の中にあり続けている。それと逆行するように、今や世界中の風景から物質的な音や匂い、重さや温度といったものが急速に消え去っている。

ブラックキャブの音、旧式公衆電話のコイン挿入時の音、またバス内を慌ただしく動き回る車掌が胸から下げた鉛色のチケットマシーンの回転音などが風景音として鮮明に残っている。

聴こうとしていないのに聴こえてしまう音、見ようとしなくても見えてしまう光景、異国で経験する予期せぬ「瞬間」の層は、時間を貫いて唐突に浮上してくるのだろう。

街中で、なにげない光景が頭から離れなくなることが時々ある。自分自身の無意識が潜在的に欲している事柄と関係があるのかどうかわからない。今回、工事現場の壁や車庫扉の佇まいに感動を覚えることに変わりはなかったが、路地から大通りへ抜けるでこぼこのレンガ道出口の「水たまり」がなぜか頭を離れなかった。

そこは人通りの多い路面で、日本の都会では昨今あまり目にしなくなった結構大きい水たまりなのだが、通行人が特別気にしている様子はない。ドイツの田舎でも感じたが、「ロクデナシな一角」と

でもいったらいいのか、ヨーロッパの国々では見た目はボロボロ、美的でもなく機能性も目的もないままに放置された場所に出会うことがある。そんなときはまだ街中に真っ当な黴菌《ばいきん》がのうのうと笑顔で生息しているような安堵感を覚える。今回そんな水たまりと出会い、なぜか子供のころ見た東京の路上を思い出したのだが、ロンドンには消えてしまった時間軸を呼び覚ます装置がボロボロの佇まいのまま依然として在り続けているように感じた。

ロンドンは七〇年代後半、二十歳を過ぎた頃に初めて訪れた外国の地だ。当初知り合いは皆無だったが、一年あまりのうちに結構知り合いができた。

お互い二十代で出会った現地の友人は、その後家族を持ち、生活事情の変化とともに多くが地方へ引っ越してしまった。通信手段もエアメールから電子メールへと時代の流れとともに移行した。電子メールがないころは結構頻繁に手間のかかるエアメールを通じて情報交換をしていたが、便利で迅速な電子メールが普及するにつれ、逆にやり取りが急速に減少していった。

昨年末、イタリアでの展覧会で偶然名前を見たと、当時知り合ったミュージシャンの知人から突然メールが入った。彼女からの連絡は二十八年ぶり、共通の知人からアドレスを聞いてわざわざ連絡をくれたのだった。

今回のロンドン滞在を伝えると、声をかけてくれていたらしく数人の旧友と予期せぬパブでの再会となった。

紫煙の消えたパブ内の健康的な光景に月日の経過を感じたが、三十年近く前、偶然が偶然を呼び知り合った当時の友人達と再会する機会が生まれたことは大きな喜びであり、また刺激となった。

彼らがアーティスト、ミュージシャン、デザイナーということもあり、いまだ「作ること」に関わる場所に居続けている日々を知れたことが嬉しかった。別れ際のやり取りにはそれぞれ相変わらず当時の熱気が漂っていた。

今年の展覧会に向けてなにか一緒に作ることは出来ないか、今はそこに興味が湧いている。

二〇一四年四月

残像の色温度

「アレは一体何だったのだ？」

日常で出会ったごく普通の一シーンだったにもかかわらず、その後様々な思いを付着させながらくすぶり続ける光景がある。それらは古い8ミリ映像を思わせる残像とその後の思いの間を行き来し、変容をきたしながら記憶の中に居座り続け、妄想や後悔、そして創作衝動をともなって「今」にヒョッコリ顔を出す。

一九八〇年代初頭、初めてニューヨークを訪れた際に見た光景はそのひとつだ。

帰国便の空港へ向かうためダウンタウンで乗ったタクシーが信号待ちで停止した。何気なく外を見ると、車から至近距離の路肩に積まれた紙の山が目に止まった。歩道の奥からタンクトップ姿の黒人青年が慌ただしく出てくると、両手に抱えた紙の束を無造作に山の上に放り投げた。一瞬、路上に色の束をまき散らすアート・パフォーマンスのようにも見えたが、青年は再び奥の店に戻っていった。

山の正体は無数の写真プリントだった。大小様々なサイズの記念ポートレイトや家族写真らしく、

大半はカラーだった。そこは古くからあるカメラショップ前といった場所であり、移転か廃業にともない長年撮り溜めていた大量の紙焼きカラー写真を迅速に処理すべく悪戦苦闘中の光景だったと想像する。

状況をよく把握できないままの光景が「カラー写真」に関係していると気づいた途端、自分の中のスクラップブック熱の針がレッドゾーンを振り切り目眩がした。即決で車から飛び降り、それらすべてをかき集めスクラップブックに貼り込め！　といったモードに入った途端タクシーは発車、予定通りの帰国を最優先にし、「まあこんなことはよくあることだ」と無理矢理気持ちを納めたまま複雑な心境で車窓風景を眺めた。

車が写真の山から遠のくに従い、「写真山残像」はドンドン巨大化していった。即座に山ににじり寄らなかった決断力のなさ、己の才能の限界を突きつけられ、背を向ける無言のタクシー運転手にひとり恥を晒しているような気分になった。後悔の念といった生易しいものではなく、取り返しのつかない人生最大のチャンスをたった今永遠に失ってしまったようで、嫌な汗が出てきた。カメラショップ内のレジに座る創造神が愉快そうにこちらの様子をうかがっていたような惨めさが残った。

三十年以上が経った現在、あの日断念したニューヨーク写真山の残像への思いは、終わりのないスクラップブック作業へと今の自分を向かわせる。今では嫌な汗は出なくなったが、その残像は未解決のまま宙づりの創作衝動を放射している。

もう一つは二十年以上前にモロッコの裏通りで見た壁の落書きだ。

南スペインからフェリーでジブラルタル海峡を通ってタンジールに入った。

タンジール、フェズ、そしてマラケシュの順にまわったが、どこでも共通して感激したのは「壁」

の圧倒的な美しさだった。いたるところで地球の誕生と同時に立ち上がり、その後の年月を内側でゆっくりと醸成してきたかのような様々な色の土壁に出会った。

マラケシュに到着し裏通りに足を踏み入れると、上部が崩れ落ちそうな高い黄土色の土壁が続いていた。

その壁の二メートル四方の一角が目にとまった。

拾った燃えさしの炭を使って殴り描きされたような十数本の線が交叉する、何かの記号とも取れる抽象形だった。縦横に交叉するたどたどしい直線に歪んだ半円形が二つ三つ組み合わされた線の集合で、それが一体何を意味するのかわからない。現地ではアニメのキャラクターやヒップホップにつながる文字系グラフィティーをよく目にしたが、その炭線の痕跡はそれらとはまったく異なる気配があった。

しばらく眺めた後スナップ写真を撮ったが、道中でネガを紛失し、決して届くことのないイメージ残像だけが記憶の底に今も揺らぎ続けている。その落書きは眺めるほどに「具体的な何か」を指し示す意志としてこちらに迫った。

「今自分は抽象表現を通して具体物を見ている」そう強く感じた。「これは風景なのではないか？」最後にそんな思いに至った。心の中のカスバ路地に突然放り込まれたようであり、コーランのつぶやき声が内側で響き始めたような気持ちにもなった。抽象の風体をまとう具体物。誰も見ない場所で「真逆の関係」を強烈に主張し続けるその落書き残像は今も心の中で電波を発し続ける。

それらの残像は今や確かめようもなく、事実確認するものを「手に入れる」ことは不可能だ。欲しいものを手に入れたい気持ちに不思議はないが、「どうしても手に入らないこと」はどのように創作と関係するのだろう？

「欲する何か」とは物質的精神的に人それぞれだが、「運命」や「運」は意図や努力で手に入れられるものではない。欲する気持ちが強いほど、それが手に入らないことへのネガティブな葛藤もうまれるが、そこには必ず「理不尽な作用」も生じる。

その作用には良し悪しの基準がなく、意図やコントロールを超えたところで唐突に生じる。結果の負の様相から「失敗」と判断され、なかったこととなる。

「理不尽な作用」を察しつつ完成を目指すことは自分自身の創作においては非常に重要な要素だ。

「残像」と「理不尽な作用」は似ている、そう思うときがある。

より満足のいく「作品」を望むことはとても強い欲求だが、それを目指す作業の過程で「理不尽な作用」が起きる。取りかかっている作品とは無関係に起きる新たな問いや疑問、アイデアは同時に次作への「残像」となって自分の中に折り重なっていく。

自分の中に在り続ける「残像」を思うとき、「印象」「気配」「軋み」といった感覚を覚え、身体の内側に色の付いた温度が湧くように感じる。

色温度の微動上下運動、そこに連動して起きる気配への感触の浮き沈み、なんらかの作用で水槽の底の砂がワッと舞いスーッと沈んでいく間の感情のようなものを「残像」に覚える。

制作終了時、一瞬「何かを把握できた」といった思いが稀によぎることがある。それは一瞬で通過してしまうが、同時に、強く欲していた何かのカケラを心に残す。

その一瞬の出来事をほんの少しでも感覚的につかみ取ることができたとき、次作への新たな時間が流れ出す。

「自分が強く欲する何か」は、一番厄介な状況の中でこちらを挑発するかのように無情に通り過ぎていく。それを手に入れるまでの過程、決して手に入れることの出来ない「残像」と「理不尽な作用」の関係。そこには創作に関わる共通項がある。

心の中に浮遊し続ける正体不明の「残像」はいつも次の作品を理不尽に引き寄せる。

二〇一四年五月

本当の「今」

「記憶」についての立体作品？

気持ちがモヤモヤとグルグルと「記憶」周辺を動いている。

「記憶」に興味をもったのは睡眠時の「夢」が発端だった。二十代後半に何気なくつけ始めた夢日記を読み返すうちに、日常の記憶がどのように夢の内容に関係するのか関心が湧いた。

その後も夢日記は断続的につけているが、記述内容とは別に、「記憶」や「夢」は作品制作のテーマとして周期的に浮上する。

記憶と夢の関係についての学説を知りたいというのではなく、普段の取るに足りない「記憶」が奇妙奇天烈な夢物語に姿を変え、現在もさまざまな影響を受けている。

「記憶」については専門分野での多様な定義や解釈があるに違いない。仮に「経験した物事を心の中にとどめ、忘れずに覚えている事柄」とするならば、「記憶」とは「過去」の出来事と密接に関わる単語と言えるだろう。

目の前の「今」も、網膜を通して脳で認識されるのならば、それはすでに「過去」といえる。眼球以外の肉体各所で「今」を感知したとしても、そのプロセスに相違はない。だとしたら人はどのように本当の「今」を認識するのだろう？

「今を記憶する」ことや「未来を記憶する」といったことはまったくありえない戯事でしかないのか？　今と未来につながる記憶の場所とは？　過去に見知らぬ地に生きた赤の他人の記憶と今を生きる人々が当たり前につながる場とは？　そんな妄想がグルグル頭の中を動き回る。

今月から年末にかけて複数の展覧会が始まる。

夏に参加するグループ展に向け、昨年末から先述した大がかりな立体作品に取りかかっている。いまだ完成には遠い。制作開始当初から「記憶」に沿う流れは続いているが、なかなか明確な核心部分が見えてこない。

この数年関わることの多いインスタレーション系の作品には共通項がある。それは基本構造以外の大半のパーツは現地で拾い集めるため、制作スタート時に「完成図」がまったく見えないことだ。また、拾い、貼り、そこから次の段階を考えるといった繰り返し作業から全体像を炙《あぶ》り出していくので、完成までは結構な時間を要する。

予定通りに事が進んでいかないもどかしさもあるが、定めた目標を目指すのではなく、制作中に出会うモノに予期せぬ未来を握られているようなやり取りはとても新鮮だ。

これまでも作品の「テーマ」を制作開始時に考えることはなかった。

常日頃頭の中にある事柄、無意識にせよ頭を離れない物事が新たな制作とともに形を成していく。

絵は、あらかじめ定めたサイズの画面と二、三種の画材や素材で進めることが多いが、インスタレーション系作品は、偶然拾う数十の異種素材自体から導かれるアイデア、それらの組み合わせから生まれる予期せぬ展開が全体の流れを担う。

反射的に興味をもつ路上の「遭遇物」には、普段から漠といだく「疑問」と結びついていることが多い。

中には「接着剤」の役割を担う「物」があり、無関係と思われる物同士を一瞬で結びつける。何気なく手にした「既製品」から何かが腑に落ちるという体験がある。一般的な用途とはまったく別に、物質としての形、素材、重さが個人的な「疑問」の答えと直結することがある。

物事を極力自由に見るよう心がけても、「意味」の引力は予想以上に強い。一旦モノに貼りついた「意味」が頭をよぎるだけで、そこから逃れることは困難だ。そんなときいつも突破口を開くのは偶発的な異種結合だ。一旦その組み合わせが成り立つと、そこに複数の抜け道がスッと伸びる。

専門知識や素材加工技術を有するチームとの共同作業では、プロセスに予想外の「組み合わせ」が生じる。

すべてが理想的な解決法に結びつくことはないが、偶発的なプロセスの意外性が偏見を取り除き、新たな可能性を生むことも多い。それは異種共同作業の最大の利点だ。幸運な「組み合わせ」は常に偶発的なものであり、「意図」からは起きにくい点は個人も集団も違いはない。

世の中は訳のわからないことで溢れかえっている。わからないことに出会って好奇心の入り交じる制作衝動が頭をもたげることがある。初めて見る素材を手に、どう置き換えるのが一番の筋か？　考える。

自分にとって制作とは詰まるところ世の中のわからないことを自分なりにわかろうとする実験のよ

うなものであり、正解に行きつくための行為ではない。

あらゆる現象や物質、価値観の下での様々な「あり得ない組み合わせ」、そこには決して留まることのない創造への大きな可能性がある。

散歩中もときどき理解を超えた「放置景」との唐突な出会いが起きる。目を凝らせば、あらゆる場所に無数の組み合わせによる風景が転がっている。「意味」を排除し「無意味の眼鏡」を通すとそれらの本質が身体に染み込む。それらの大半は役に立たないまま誰にも気づかれることなく世の中から消えていく。それは「意味」重視の結果ともいえ、こちらにはありがたい。

自分にとってインスタレーション系立体作品の鍵は常に「放置景」と強い関係をもつ。

無関心と偶然と時間の中に生じる痕跡が生み出す可能性との出会い、それが路上には常に起きている。

「何ら考えることなく手っ取り早くタダで目的を果たすこと」一見アートと逆行するかの本質を突きつけられることも多い。

街中に点在する超適当なやっつけ仕事から受ける赤面するほどの「乱暴な気配」には意外な教訓が隠れている。そこには作為を超えた無心無私の精神が軽やかに急接近することがあり、「意味」がからみ出すと同時に消え去る繊細な光景がある。

路上の放置物は、時間を超越した記憶のカケラではないか？　分断された時間と記憶を内に秘めるカケラとは、それ自体が本当の「今の記憶」なのかもしれない。

無作為な「記憶」の連結が闇に「夢」を生むように、路上のカケラに「今」を吹き込むこと、進行形の作品はそんな場所に向かっているのかもしれない。

二〇一四年七月

尼崎記憶工場

ワールドカップシーズンがまたやって来た。今回は大阪のホテルに長期連泊しつつ夜明けのテレビ観戦が続く。

どんな内容の試合であれ、ワールドカップには「世界の余韻」のようなものをいつも感じる。普段あまり縁のない「人類」という単語が普通に当たり前に自分と繫がりがあることを漠然と考える。

大阪滞在の目的は、八月に出品する作品の最終パーツ組み立て作業で、毎日尼崎エリアにある工場に通っている。この工場を選んだのは単なる偶然だが、結果的に周囲の環境は新作の制作に適しているように感じている。

作品はまだ未完成だが、内外空間を合体した小型建築物的な全体像になりつつある。

この半年間、スケッチから起こした図面をもとに、その内部と外部を宇和島で、また作品全体を支えるための鉄骨構造部を大阪で同時進行で進めてきた。今はそれらを合体し全体的にディテールを詰めていく最終段階だ。

漠然と「記憶」をテーマに妄想的にスタートした作品だったが、時間の経過とともにサイズや重量が増し、それぞれの作業場で組み立てることができず、一ヵ月間だけ工場を借りることになった。

様々な大型工場が建ち並ぶこのエリアは、昼間は大きなトラックがひっきりなしに行き交い、日が暮れると人影は皆無、点在する街灯が闇に不穏な夜景を映しだす。

河沿いには立ち入り禁止用の網フェンス越し無秩序にうっそうと茂る雑草群と防波堤がのび、遠景に巨大な鉄塔や煙突、ビル群が建ち並ぶ。通っている貸し工場は幅一〇メートル、長さ一〇〇メートルほどのアスファルト道路を挟んで左右に十棟ずつ計二十棟の作業場が連なる作りだ。それぞれ一棟の空間は縦横一一メートル高さ九メートル、クレーン付といった仕様で、各々が中央の道を挟んで向かい合うかたちで多様な金属加工を行っている。

それぞれの入口脇には大きなドラム缶を輪切りにしたゴミ入れが置かれ、日々得体のしれない形状の金属片が無造作に放り込まれ、好奇心を刺激する。どの工場も作業中は扉を開いたままなので、何となく隣の様子が気になる。

周辺工場の製作物は巨大鉄筋、太い鉄パイプ、アルミニウムの丸棒、鉄製補強材といったモノなのだが最終的な全体像は見えない。それらに共通するのは「何かのパーツ」であることくらいだ。

一方、こちらの空間における基本的な素材は、それらの工場が不必要と判断したモノ達だ。

国内外様々な場所で手に入れたそれらのモノ、写真、印刷物などを組み合わせながら立体化していく光景が奇異に映るのか、工員など周辺の人々が興味を示しつつ通り過ぎる。妄想から始まり、おおよそ一辺数メートルになった作品の形状はいまだ刻々と変化しているが、人々は時間の経過とともに目的や用途が見えなくなっていくことが気になっている様子だ。

休憩時間帯に「これ何?」「何で?」と、順を追って説明し始めると非常にやっかいなポイントを

あっけらかんと聞いてくるが、「作品です」というと「フーン」と納得してくれる。普段自分から他人に対して「作品です」といった返答はしないが、ここでは一番手っ取り早い方便だ。するとどこに出すの？　見本市？　美術屋さん関係の何か？」と質問は次の段階に進む。こういったやり取りが生まれるのも、お互いに手作業による「ものづくり」が基盤にあるからだろう。

確かな技術を持つ人との会話は興味深い。目の前の一期一会の人物が自分自身には到底持ち得ない技術の持ち主だと思うと、親しみや尊敬の念が湧く。

これも何かの縁であり、同時期に工場で働く人々の技術とここに日々生まれる形を集結したらどんな創作物ができるのか、頭をよぎる。

中心にのびる一本道の突き当たりに素っ気ない作りの共同トイレがあり、夜間は闇の奥に蛍光灯の白光を放つ。

両サイドに工場が並びドンツキにトイレといった構造は「労働と生理」をシンプルかつ明快に表現した巨大な作品のようで興味深い。

機械油にまみれたドラム缶のゴミ入れの立ち並ぶ様子や鉄を削る音、溶接作業の匂いは、二歳から八歳まで過ごした大田区南六郷の町工場周辺を彷彿とさせる。六〇年代初頭に兄が繰り返し聴いていたアメリカンポップスやノートブックに描き写していた少年漫画がフラッシュバックする。

あの頃も今も似た環境で同じような日常を繰り返していることを五十年あまり隔てて思う。

雑多な物質が雑然と積み重なる進行中の新作は、「記憶」にまつわるものであるといった認識はあるものの、より具体的なポイントはなかなか見えなかった。ここでの作業が始まり、この環境のなかで日々出会う新たな「形」に導かれ、少しずつその先が見え始めた。そんなプロセスに、一昨年の初夏、ドクメンタ（13）への出品作をカッセルの森の中で組み上げていた日々も頭をよぎる。

「不在の状態」に興味をもったのは十数年前に瀬戸内の島で廃業した雑貨屋店舗で展示（「落合商店」、スタンダード展二〇〇一年）をしたときだ。

その店は船着場から一筋奥まった海風の心地よい路地にあり、以前は生活用品のみならず酒屋も兼ねていた。

中を見せてもらうと、長年扱われた商品がかつての店主の細やかな愛情や過ごした島の時間とともに在り続けているように感じた。

それはとても柔らかな「不在感覚」だった。

住居人がいない空虚な店舗跡でボーっとしていると、かつて島に通った労働者が夏場にフェリーの発着を気にしつつ微風に身をさらし縁台でビールを呑みながら談笑する光景が自ずと浮かんできた。展示は店内に残ったまま放置された品々にほぼ手を加えずに、自分自身の作品を併置することにした。

店の奥まった上がり口に黒電話が放置されていたので、展覧会中、「不在の象徴」として復活させ、定期的に呼び出し音を鳴らすことにした。だれも出ることのないまま店内に繰り返し鳴り響く呼び出し音は、かつて四十年以上にわたりその場と関わった人々の気配を予想以上に鮮明に浮き上がらせた。その音は寂寥感やノスタルジーとは一線を画して「今」と直結し、こちらを刺激した。

「記憶を取り扱う商売」のようなものが世の中にあるとしたらそれはどんな姿なのだろう？　住民に忌み嫌われ、報道で時折取り上げられる「ゴミ屋敷」は捨てられない記憶の塊だ。その住人が人知れず「記憶」に入り込む能力を持つ人物だとしたら？

〝非常識〟ゆえに排除されるべき孤立した空間とその住人の「不在状態」、そんなことを工場で考えた。

「記憶を扱う店舗」のようなもの、記憶の象徴でもある「匿名家族アルバム写真」から赤の他人の記憶に入り込み、時空を超えて、新たな「今」を生み出す人物……。工場前の殺風景な眺めを前に、「網膜屋」という言葉が浮かんだ。そこで何が起き、そこにはいかなるキャラクターの人物が居すわるのか、今はそんなことを考えている。

二〇一四年八月

電気絵具

最近、作業の合間にiPadで絵を描いている。

「デジタル絵画」というと一気に敷居が高くなるが、昨今の作画用ソフトの進化具合が気になり、手軽な方法を使ってなにができるのか試してみたくなった。

二〇〇一年春にデジタル作品による作品展を開催したが、その後、携帯電話同様、デザインやイラストレーション関係の機器やソフトは加速度的に進化した。

十数年前を思い起こし、相変わらずの乏しい知識をもって再び関われるものなのかどうかを調べると、無料の初心者向けアプリのアイコンに行きついた。これならなんとかいけるのではないか？　そんな軽い気持ちでダウンロードしてみた。

二〇〇〇年当時、デジタル未経験の素人が手軽に作品を作れる状況はなく、まずは専用機器による作業自体に慣れる必要があった。

展覧会の依頼元であった精密機器メーカーのご協力を得て、オフィス一角を間借りして半年ほど通い、専門家の指示を仰ぎつつ作画作業に没頭した。

作業場の一角には色彩再現の評価が高かったベルギー製大型モニターとアメリカ製大判描画用タブレットが置かれ、初めて手にするペン型マウスで様々な技法を日々試した。「デジタル絵画」など所詮絵具をぶっかけたキャンヴァス一点で粉砕だろう、それまでアナログ一筋で絵を描いてきた身としては、そんな不遜な目線の対抗意識も強かったが、未知なる世界に触れ、そのあまりの「わからなさ」に一瞬でこちらが弾け飛んだ。

それまでワープロにも手を触れたこともなく、ようやくパソコンを使い始めた時期でもあり、モニターを直視したまま手元のタブレットを通して絵を描く行為を「認識」すること自体に、もどかしさと戸惑いを覚えた。

「絵のサイズ」に対しても同様に面食らった。

望む絵のサイズを目の前のモニターサイズ内に「設定」し、それを仮想の白紙と見立ててから絵を「描く」という認識が空回りするばかり。それまで絵のサイズとは基本的にはキャンヴァスや用紙を選んだ段階で自ずと決まっている事柄であり、始めに仮想用紙サイズを「設定」する感覚がつかめない。「設定」しなければ絵以前がないわけで、サイズのない絵を描こうとしている自分が宙に浮いたようで描く動機が定まらない。

こちらの幼児レベルの質問に対し隣で懇切丁寧に説明してくれるエキスパートの理屈はなんとなく納得するが、結局感覚的に「わからない」、そんなやりとりが続いた。

その昔、電話機が世の中に普及し始めた頃、「遠隔」に対する意識がうまく切り替えられず、会話時に受話器を手に叫ぶように話す人がいた、といった笑い話がその日を境に笑えなくなった。

目の前の「電気式デジタル画材一式」に対して大声で叫びたい気持ちだけが込み上げた。

気持ちの噛み合わないそんな時間の経過とともに、今自分は「絵を描く」といったこれまでの認識とはまったく異なる出来事に関わっている、これまで経験したことのない領域に触れているといった好奇心へと気持ちは変化していった。

「拡大」機能も驚異だった。初期の解像度を高く設定した上で画面を拡大移動していくことで、絵という荒野の上空を滑空しながら地表を眺めているような、そんなトリップ感を味わった。

自分自身の描いた絵の中に入り込みながら絵を掘り起こしているような感覚はそれまで経験したことのない描画体験だった。自分で描いた絵を一番わかっていないのは実は自分自身であることや絵との距離感について新たな思いも生まれた。

今回iPadに興味をもったきっかけは「スクリーン上に直接描く」ことへの興味が大きい。以前試していたころのようにパソコンに接続したタブレット上で絵を操作するのではなく、キャンヴァスや紙同様、画面に「直接ペン先を当てて描く」ことを試してみたくなった。

アナログ描画同様に、鉛筆先端と紙の接点に生まれる線との関係を、デジタル機器も持ちえることが自分自身にとって新鮮な驚きだった。

iPadの画面サイズが普段持ち歩いているスケッチブックに近いことも関係がある。平らな画面と一本のペンさえ手元にあれば思いを線に定着するまでの「距離」がグッと縮まるように思えた。

通常スケッチブックに絵を描く場合、当然鉛筆や筆ペン等の筆記用具が必要だ。水彩画であれば、鉛筆、絵筆、水彩絵具チューブ、水、水入れ、布などが必須であり、「描きたい」と思ってからそれら画材を準備するまでに手間と時間がかかる。

それらの事柄は絵を描く上で無駄だとはまったく思わないが、動機への影響が生じることは確かだ。あらかじめ描きたい対象が決まっている場合には、そんな準備時間も人によってはストレッチ的な効果を生むこともあるに違いない。だが、「ふとした瞬間」を色彩を使って描きたいとき、この点が自分にとって iPad 作画への興味の最大のポイントだ。ペンが一本あれば様々なタッチで無数の色を用いて絵が描けること、また当然だが「乾燥」の手間いらずも大きな特長だ。

道具の物理的な準備なしに色を使って絵を描ける可能性は、これまであえて描こうとは思いもしなかった風景や何げない光景を描いてみたいといった意志につながる。この「意志」と絵との関係に新たな可能性を感じる。

世の中がフィルムカメラからデジカメに移行し始めたころに興味を覚えたのは、枚数制限や感度の格段の広がり以上に、一気に小型化が進んだカメラサイズだった。

自分にとって写真撮影の最大の目的はアート写真を撮ることにあるのではなく、作品制作のためのメモ的役割が圧倒的な要素だった。街中を歩いていて反射的に興味を惹くものを、考える前に取り込んでいく装置、それが自分にとってのカメラであり続けていた。

外出時、重く大きいカメラをカバンに入れて持っていくかどうか考えるのではなく、ポケットに手を入れれば常に指先がカメラに触れること、これがフィルムカメラ時代からの理想条件だった。子供のころから筆記用具と紙が好きなのは、小型カメラ同様、それらがポケットに入るからなのだろう。うまくいこうが失敗しようが、写し取りたい衝動をとりあえず「定着」できること、そこには必ず「記憶」が生まれ、重要な「層」を成していく。

デジタル世界はこれまで分離していた「絵画」と「写真」を同じフィールドに置くことで、「書く」

「描く」「撮る」を同じ土俵上での出来事にした。
写真、絵、音の世界から「匂い」が消えていく時代の先にどんな創造物が生まれてくるのか？　とりあえず見過ごしてきた世界をiPadで探ってみようと思う。

二〇一四年九月

五つの矩形

宇和島のアメリカンレストラン風居酒屋に行った。そこは一九八〇年の開店以来、地元の人々から愛され続け、懇意にしているお店だ。

店内の壁面にいくつか設置されたテレビモニターからは、店主自らの編集らしき貴重な洋楽映像が常時流れている。

同世代の音楽好きにとって八〇年代は音楽専門チャンネルＭＴＶの影響が大きい。調べると日本では一九八四年十月放映開始、一般層に普及し始めたばかりの高額ビデオ機器を手に入れさえすれば個人録画が可能になった時代と重なる。店内の粗い映像にシビれるのはそんなリアルタイムの空気と店主の音楽に対する愛が同時に記録されているからだと確信する。

それから丁度三十年後、ネット社会となった今、当時の個人編集による音楽映像を宇和島のお店でボーッと眺めていると、幾層にも折り重なる時間の内側から過去と未来を同時に覗いているような妙に新鮮な気分に陥る。

店の出入り口には小さなカゴの中にお店のマッチが積んである。開店以来変わらぬデザインのマッチはザックリとしたカントリーポップ調？　とでもいえばいいのか、赤と青が基調の指先にベッタリとインクがつくようなコテコテ仕上げの秀作だ。

二十数年前に初めてそのマッチを手にしたとき、箱片面のイラスト上部に小文字でメニューが刷られていることになぜかグッときた。デザイン要素にメニューをブチ込むという手法に斬新さを感じたのだ。

以前、新潟温泉地の場末スナックのマッチ側面に店番号と並んで店主の自宅電話番号が刷り込まれていることに「メニュー表記」とは微妙に異なる驚きを覚えたが、「マッチ」という物品には、文字の裏に潜む様々な気配を受け手に投げかけ想像力を喚起させる「俳句」に似た世界をいつも感じる。

どんな分野にでも、恐れ入るしかない「コレクター」がいる。一般人にとって収集意図がまったく理解できない代物だけを執拗に追い求めるコレクターも多い中、「マッチラベル」に関しては比較的その意図を理解しやすい。しかし意図がわかりやすい分、切手やコイン収集同様、逆に素人には予想もつかない細部にこだわる熾烈な取引が日々淡々と行われているに違いない。

十代の頃からマッチラベルのデザインには興味はあるが、マッチに限らずテーマやジャンルを定めて徹底的に収集しようと思ったことはない。

長年「スクラップブック」を続けていると素材に対する偏執狂的な収集癖を問われることがあるが、実際は様々な状況から自然に集まってくるモノに任せている、といった思いが強い。机に積まれたままの素材を適当に選び出し、スクラップブック内のふさわしい居場所を見つけて貼り込むといった具合だ。

居酒屋入口のマッチを手に席につき、ポケットから「スマホ」を取り出しテーブルに置いた。手中のマッチを適当に放り投げるとスマホ脇に同じ向きでピタリと並んだ。

硬質な黒い板と軟質な紙箱の予期せぬ並列配置を見て、一瞬「新しい光景」に接したように思った。それら大小二つの矩形物はまったく異なる用途を担う物体であると同時に、実はとてつもなく近い場所に属しているようで、近くて遠い、そんな湾曲した遠近法の中にいるような感覚を覚えた。双方を交互に眺めているとマッチ箱がとてつもなく愛おしい物体に感じ始めた。

明らかに今や「スマホ」は自分にとって必要不可欠な通信機器であり多様な用途を満たしてくれる道具であることはわかっている。にもかかわらず、今自分自身のポケットにふさわしいのは明らかにもう一方の矩形物だろう、そんな感情が湧いた。

マッチ箱に二十数本のマッチ棒が入っていることを確認し、指先でマッチ棒の軸をクルクルと転がして感触を確かめた。同じようにしか見えない形状のマッチ棒もよく見ると先端の発火性頭薬の量もそれぞれの木軸の太さや色も微妙に違うことに気づき、快とも不快とも感じない指先の火薬臭を嗅いだ。

紙製の引き出し構造物を眺めていると、手の平にのる携帯マッチ箱の最終形状は、実はかなり洗練度の高い偉大な発明品とはいえないか？　人とモノとのフェアな関係を守り続けている高度な物体ではないのか？　「火を起こすこと」から「スマホ」に至る人類の長い道のりの中、あまりに愚かに呆気なく世の中から消去されつつある重要な構造物ではないのか？　そんなふうに思えてきた。

「スマートフォン」が現代の通信機器として世界中に君臨する魔法のような発明品であることに異議はないが、故意に「火を起こす」ことはできない。そんなどうでもいい妄想のような屁理屈をとてつもなく重要な事柄のように感じはじめた。

マッチは確かに店舗などで無料前提で配られるだけの原始的なモノに過ぎない。マッチ箱を開けマッチ棒を一本取り出して棒先端の発火性頭薬を側面部のヤスリにこすりつけて、本数分の火を得るだけの道具だ。

それだけのモノになぜ「スマホ」とはまったく異種の愛おしさを感じるのか？

指先と五感との間に生じる関係の違い、おそらくそこが自分の思いの要因なのだろう。

スマホはガラス製パネルと一本の指先の間に生じる感触が通信、視聴覚等に通じる脳との直接的なやりとりを生み出し、マッチ箱は紙箱、木材、発火性頭薬、紙ヤスリ等と指先との複数異種動作のやりとりから「火」を生み、その過程で熱、煙、匂いといった五感反応が生じる。

無駄を省き脳に直結する記憶と、目的には必ずしも必要としない肉体的五感を経由して脳に至る記憶との違い、それは点と線でつながり続ける「網」のような記憶と「層」のように積み重なっていく記憶との違いなのか？

「マッチ箱」と「スマホ」、二つの矩形はサイズ違いの矩形「スケッチブック」と「iPad」に連なった。

「iPad」は最近身の回りの風景をスケッチする目的で自己流に使い始めた。通常のスケッチブックに描こうとすら思わなかったありふれた光景をiPadで描いてみたくなったことがきっかけだった。今自分が居るココで目にする風景、それが一つの答えであることに気がついた。

家人にiPadとペンを届けてもらいテーブル上の光景や偶然居合わせる人々を描いてみた。iPadによるスケッチには指先だけではなく専用のペンも使うが、感触的には「スマホ」操作に似た味気なさを感じる。その反面、無意識に眺めていた風景に目を向けると見えてなかった物があまりに多いこと、また「描くに足らぬ風景」というものはなく、それは「描きたくない」という自分自身の意志が作り出す風景に過ぎない、そんなことを実感させてくれる。

iPadスケッチを続けていると、無性に油絵を描きたくなった。レコードで聴く音にはその重みや印刷ジャケット、中袋やレコード盤自体の匂いが無意識にからむように、やはり絵にとっては筆先を通して指先に感じる絵具の抵抗感や絵具の匂いが重要な要素であることを改めて考える。

「マッチ箱」から始まった矩形は「スマホ」「スケッチブック」「iPad」を経由して五つ目の矩形「キャンヴァス」に行きついた。

二〇一四年十月

ロン貼ドン

もうすぐロンドンで個展が始まる。

三十年程前にロンドン中心部にある芸術総合施設内で小規模な個展を一度開いたことがある。メインである著名作家専用の展示室ではなく、新人用に設けられた細長い通路スペースでの海外初個展だった。スクラップブック四十冊あまりと八〇年代前半まで二十代に制作した油彩や銅版画を十点ほど通路壁面に設置した記憶がある。

今回は市内中心部に位置し現代美術を紹介する目的の非営利芸術機関会場（Parasol Unit）での発表だ。二〇〇四年の設立以来、毎年四つの展覧会を開催しながら家族や子供のためのワークショップ、美術教育のイベントなども数多く企画され、ロンドンでも独自の活動を行っている。

展示空間は建物一階二階の二フロア合計約三六〇平方メートルと比較的広く、八〇年代中頃から今年制作した新作まで立体や大作を含む約五十点を並べる。

初個展から大分時間が経過してしまったが現地で二回目の展覧会になる。

二年程前にニューヨークで発表した作品をディレクターが偶然見たことが今回の展覧会の発端で、

縁あるロンドンで大きな機会を与えてもらえたことにとても感謝している。

光陰矢の如しとはよく耳にするたとえではあるが、三十年間はやはり長く重い。何事も思いが実現に至るまでの厳しさは変わらないが、どんな理由であれ一旦活動を止めてしまえばその時点で積み上げてきた時間は途切れる。なんとか続けていると予期しないことが起きるものだ。

展覧会の結果を考えると多少ナーヴァスな気分にもなるが今さらどうなるものでもない。あとは現地に赴き、限られた時間内で展示設営に集中するだけだ。

今回具体的な作品選定に関しては一年程前から先方とやり取りを繰り返し固めてきた。全体の方向性を決め、流れに沿う作品を選び、作品サイズを考慮しつつ会場模型で配置を決めていった。

自分の作品は作風や使用素材の統一性が非常に見えにくいためか、展覧会の核となる「展示コンセプト」や方向性を決めるまで時間を要することが多い。

選んだ作品の共通項を突き詰めれば「不要とされた雑多な既成物を貼り合わせる」ことで生まれた形のバリエーションともいえるだろう。

西洋美術におけるいわゆる「コラージュ」の概念でとりあえず括られるに違いないが、単にそこに吸い込まれる一例で終わるのか、または自分自身も気づかない新たな視点の発見につながるのか、今の段階ではまったくわからない。


初渡英は一九七七年だった。

留学といった大義名分や潤沢な資金、知人や語学力もないまま、途中出たり入ったりの観光ビザでの滞在だった。「アート」云々を考える以前に、毎週末ごとに支払わなくてはならない下宿代の重みがのしかかってきた。

当時は観光ビザでもアルバイト程度はできた時代で、日常に慣れたころには少ない資金を極力減らさぬよう、ときどき語学力不要の仕事を紹介してもらった。

そのひとつ、ソーホー近くの公園脇の小さな現像所の清掃は、現像ミスから廃棄されたスクラップブック用高級素材がタダで手に入る一石二鳥の仕事だった。

当初のこちらの渡英動機の基本はもちろん「アート」だが、先方にとっては単なるアジアからの貧乏観光客、しばらくするうちに持て余し始めた毎日の「時間」が拷問のように感じられるようにもなっていった。一枚でも多くスケッチや写真を残すこと、とにかくそれを持続すること、自分自身の確かさはそこにしかなかった。

輪郭のないボヤけた目標までの圧倒的な隔たり、それを実感したときのあきらめや不信感、嫉妬心、かろうじて心の端にブラ下がる希望などがグチャグチャに入り交じる感覚、で結局そこからどうにかするしか先はまったく見えなかった。

そんな日々の中でその後も続くことになった何人かとの出会い、またスクラップブック制作のきっかけが起きたことは振り返れば自分にとっては奇跡に近い出来事だった。

「縁」について考えることがある。

本質は常に目に見えないままに進んでゆく。進行形の物事はいつもいいのか悪いのかその本質は見えないまま過ぎ去ってゆく。具体的な方法も定まらず、充実感からはほど遠い毎日、巡り巡ればそんな時が一番「縁」に接近しているようにも感じる。

理不尽な出来事に対しても頑なに保ち続ける内側の「純度」のようなもの、「縁」にはそんなことが強く関係しているようにも思える。

十代の頃、自分が興味を覚える様々な国の作家や作品を展覧会や画集で可能なかぎり見てアーティストになるための条件についていろいろ考えた。

当時自分にとって「美術」とは圧倒的に「絵画」のことだった。様々な形態をとる「現代の美術」には面食らうことも多かったが「わからない物体」に出会ってもなぜか拒否感はまったくなかった。どんな形態であろうと驚きや感動を覚える作品は自分自身の「絵画」となんらかのつながりを持つとみなしていた。「方法論」前提のアートには基本的に興味がなかったが、そこに感覚が反応すれば納得がいった。

結果、作家として認められるための条件はおそらくオリジナルなコンセプトを打ち立て、独自の一貫性ある「安定した作風」に行きつくこと、そのようなことなのだろうと思った。下世話ないい方にはなるが作家名ナシでもわかる「登録商標的作風」を確立することに違いない、そんな考えに至った。以来一貫する作風を模索する試みを自分なりにしばらく続けてはみたが、どうにも作風の安定からは離れるばかり、そこを目指すと方法論と制作衝動が決まって分離していった。

「作風」を求める中には自分が欲する答えはない、行きついたのはそんな呆気ない思いだった。

平面や立体や写真の作品であれ、路上の紙切れ、壁の染みであれ、まず感覚として自分の中に食い込んでくるものすべてが自分にとっての「絵画」であると捉えること、そこにしか自分自身の立ち位置はない、そう思うようになった。

三十代半ばのある日、十代から二十代で作った作品の整理中、自分の多くの作品に「貼る」ことが関わっていたことにふと気がついた。絵をスムーズに始める目的で描画前の画面に段ボールや新聞紙が下地として貼ってあることを色の下に見つけた。それは「コンセプト」からではなく多分に「職人的」なプロセスの痕跡に思えた。

それは自分にとって大きな発見だった。

「貼ることで生まれる様々な意味と形」、これが自分の中心部に通じる何かではないか？　以来そう思うようになった。

「時間」と「記憶」につながる「貼る」とは自分にとって何なのか？「貼る」に対する疑問や好奇心、そこから生じる作品との関係性、世の中から新たな「貼る」様を導き出すこと、物質的コラージュの向こう側にある「貼る」ことの可能性、それが現在の自分自身にとっての「絵画」なのだと思う。

二〇一四年十一月

ロンドン雲、リバプール月

三週間余り滞在したロンドンから戻った。

現地の十月に日本の初冬といった印象があったが、温暖化の影響か、大半が拍子抜けするほど穏やかな日々が続いた。

天候の急変は相変わらず、空や雲の様相にいつも感じるのは日本との微妙な光の違いだ。青が少し濃く感じ、雲影の灰色により深みを感じるのは気のせいか。

以前現地の美術館内の展示壁に唐突に「小窓」を見たかのような違和感を覚えた。すぐにそれは「青空に浮かぶ雲」を描いた小さな油彩画だと判明した。

歩み寄りじっくりと見ているうち、切り取った空のみが描かれていることに驚き、「具象画」の意味を考えた。その絵は何かの拍子に本物の空のカケラがキャンヴァス上にポトリと落ちた瞬間凍結のようで、なぜかルネ・マグリットが描いた空がフラッシュバックした。

その絵がジョン・コンスタブルという名の十八〜十九世紀のイギリスを代表する風景画家により二百年余り昔に描かれた小品であることを初めて知り、古めかしい「普通の風景画」からいきなり足払いを食らった気になった。

以来、イギリスで本物の空を見上げると、その時の「本物ではなかった空」の絵が頭の中に浮かぶ。

ロンドン到着直後、いきなり個展用作品の設置作業日程がズレ込んだ。

予想外の好天に背を押され、この機会に夏目漱石が下宿していた場所を見に行ってみようと思った。住居を目撃することが目的ではなく、周辺の地形や雰囲気を体感したいといった思いがあった。興味を持つ人物の肉体がかつて日常的な時間を過ごしていた空間に身を置いたとき感じる「気配」には独特な浮遊感を覚え、少しだけ特別な「時空」に触れたような気分になる。

二十世紀初頭、漱石が二年間のロンドン滞在のうち一年四カ月を過ごしたその建物は南西部クラッパム地区に位置することを突き止めた。地下鉄クラッパム・コモン駅前の大きな公園を斜めに抜け、静かな住宅街を数分行った左手に三階建ての典型的イギリス風建物はいきなり現れた。建物前、奥にのびていく緩やかな下り道に切ない体温を感じた。

漱石がかつて暮らした場所には現在の住人がいるため玄関前には自家用車らしき黒い文明物がドンと停車していた。偉人住居跡を表記する通称「ブループラーク」と呼ばれる円形の銘板のライトブルーとの対比に時間の奇怪さを感じた。

あいにくの閉館シーズンで、その対面に位置する記念館には入れなかったが、硝子出窓越しの陽だまりにこちらをうかがう白黒猫を見つけ、いいものを見た気分で帰路についた。

ようやく始まった作品設置作業は無事一週間程で終えたが、オープン直前にアーティストトークが企画されていた。

経験の少ない海外トークはいつも気が重い。

個人的にトークショーにはライブ感覚があり、偶然の流れが大きく左右する。話のプロではないのでそれほど大げさに考えているわけではないが、興味を持って来てくれた人の時間を極力無駄にしたくはない。

今回はヨーロッパで経験する大きな個展に向けてのトーク、現地の美術雑誌編集者との対談は脇に座す初対面の現地通訳者と共に始まった。

時間経過とともにのしかかる予想以上にノリのない堅苦しい空気、形式的なやり取りにいたたまれなくなり、途中からやけくそになりヘタクソな英語に切り替えてもらった。このままでは絶対後悔する、そう思ったのだ。

結局、トーク後半は言語以前のまったくお恥ずかしいかぎりの顚末になってしまったが、逆に笑いが生まれ質疑応答も活気づき空気が流れ始めたように感じた。

目の前でこちらを見つめる人々は流暢な英語など当然期待してなどいないことは重々承知でも、そこから一歩の壁がいつも手強い。それでもしどろもどろに続けるうち、制作者本人の肉声を同じ空間で共有することから何かを感じ取ろうとしてくれる様子に救われる思いがした。絵の制作も海外でのトークも、最終的には不確実なままに踏み込む勇気が鍵であることを実感した。

開催地がどこであろうと展評には様々な意見があり、都合のいい楽観視は結局身にならない。

今回の出品作品の制作期間は三十年に及ぶ。どのような結果になろうとも致し方なしといった開き直りもあるが、オープニングではこれまで感じたことのない手ごたえを覚えた。日本国内で常にはねつけられてきた見えないバリア、時に気持ちが萎えるほど無意味にシニカルなだけの空気に対して、初めて何かが当たり前に通ったような感触を感じた。それがうぬぼれからくる思い込みなのかどうかは今の所不明だが、今後の展開を冷静かつ客観的に観察してみたい。

帰国予定日まで三日、急な予定が入る前にロンドンから列車で二時間余りのリバプールに行った。一九九一年秋に参加したグループ展はその地から巡回したが、なぜか行く機会を逃していた。リバプールといえば距離の近いマンチェスター同様、フットボールと音楽の街だ。今回は遅ればせながらビートルズ探訪に絞り込んだ。

これまでロンドンを訪れる度に何度か行ってみようとは思ったが、自分なりのけじめとでもいったらいいのか、納得のいく理由が見つからないままにその地に足を踏み入れることの許されない感覚が長らくあった。

今回はロンドンでの個展、稀な好天続き、空き時間と自分なりの言い訳が立ったように感じ、恐る恐る行ってみることにしたのだ。

終着駅ライム・ストリート駅で降りると、様々なビートルズ・ストーリーが自動的に脳内に流れ始める。あのマージー川まで歩き、予想以上に大きな街であることにまず驚いた。ロンドンではあまり見かけない様式の巨大で美しい歴史的建造物も多く、五十年近く空想の中にあり続けた「リバプール」の煤けたモノクロのイメージが一瞬で砕け散った。

滞在時間は正味一日半、二時間でビートルズの地をバスで廻る「マジカル・ミステリー・ツアー」に乗り込んだ。世界中からの一期一会、偶然のツアーメンバーが集結、まずはその年齢層の高さが目についた。途中のトイレ休憩が重要な鍵の世代か、「マジカル・ミステリー・ツアー」の意味も時代とともに刻々と変化し続けていた。

ミュージシャン風初老カップルは席確保のためか、出発時間のかなり前から開かずのバス扉前で幸福そうに動かない。男のいでたちはジョン・レノンTシャツ、御婦人は『サージェント・ペパーズ』の歌詞をちりばめたアーミージャケットの背にデカ過ぎる発売年「１９６７」の数字プリント、手には『リボルバー』カバー風の特製バッグと、いきなりその気合いにあっさり負けた。

予想通りのテーマ曲でバスは定刻に出発、手慣れたおじさんガイドによる解説と絶妙な選曲が流れる中、窓越しにゆかりの地を眺めながら、やはり来て良かったと思った。

「創造と気配」について考えた。肉体が消え物がどんなに変化しようが、創作物が今に影響を及ぼすかぎり、それが生まれた瞬間の気配もまた不滅なのかもしれない。

夜空の月はリバプール色だと思った。

二〇一四年十二月

シンガポールの版画工房で

二泊三日でシンガポールに行ってきた。

以前観光がてら訪れて以来二度目、今回は二〇一五年に予定している現地での版画制作工房の下見が主な目的だった。

シンガポール・チャンギ国際空港に降り立つと、そこは日本の年末とは真逆の熱帯モンスーン気候、一気に高温多湿の空気に包まれた。上着を脱ぐと同時に妙に懐かしさが頭をもたげた。昔似たような空気の中にいたことがある、そう思った。

いつ頃？　どこで？　もどかしい気持ちが込み上げた。記憶の中の風景はボヤけたまま、なかなか具象形に届かない。

かすかに鼻が反応する湿気混じりの匂いが関係している、そう思った途端、一九八〇年前後に断続的に滞在を繰り返した返還前の香港に焦点は絞り込まれた。

真夏の太陽の下、真っ黒いエッジで切り取られたビル影が熱波に揺らぐ路面にグニャグニャギラギラと伸びていく光景が浮かび、濃厚な匂いが通り過ぎた。

一九九八年の閉港まで世界で一番着陸が難しいことで知られていた香港カイタック空港には当時何度か降り立った。荷物を受け取り税関通過後ロビーへの扉が開くと、得体知れずの香辛料を混ぜ合わせたかの生温い粒子が鼻腔奥めがけてガッと飛び込んできた。

それは初めて嗅ぐカオスの匂いだった。

到着直前の機内から眼下を流れ去る煌めくゴミ星のような光景に続く、そんなカイタック式儀礼からか、香港にはいつしか亜熱帯魔界地帯といったイメージが鼻の奥に貼り付いていた。

現在のシンガポールにそういったイメージは今のところ見いだせないが、そんな空気に無条件に反応する体質に無意識下のアジアの血が頭をもたげる。

当時香港では伝統的な包装紙やラベルに心を奪われ続けた。それらアンチモダン路線を無意識に突き進む古臭い印刷物には、殺菌済みプリンテッド・イン・ジャパン物から一掃された野卑の極みのような獣がインクに溶け込んでいた。ケバケバしく版ズレしたザラつく感触の印刷表面には筋金入りのパンクスが醸し出す不遜な太々しさを感じた。それは経験したことのない新たな刷り世界との出会いだった。

香港で過ごす時間の中、洗練の象徴として刷り込まれていたアルファベットにかわって、一気に漢字への興味が湧いてきた。

そんな刷り物への強烈な思い出があるためか、「アジアと印刷物」の関係性には反射的に好奇心を刺激され、進行形のアジアを空気ごと写し取りたい衝動にかられる。

今回訪れた施設は国の支援を受けた版画美術専門機関だ。

ネット情報には、機関の設立主旨は「印刷物としての現代美術制作」と「紙の概念的発展」のため

のスペースと記されている。

シンガポール川沿いの街中の一角を占める広い敷地内には複数の作家専用の長期滞在部屋、各種版画制作工房、パルプによる特殊紙制作工房に加え、大きな展示用スペースが併設されている。十名あまりの版画のエキスパートが常駐し、長期滞在する一人の作家をスタッフ総出で集中サポートする。工房全体に漂う雰囲気は真摯かつフレンドリーで共同制作の理想型のように感じた。

それまでシンガポールと現代美術との関係性が自分の中で希薄だったこともあり、視察経験は大きな驚きだったが、アジアで刻々と動き続ける世界アート時間を突きつけられると同時に、日本の美術状況の行く末への危うさも感じた。

今回一番興味を覚えたのはパルプからの紙製造工程だった。その工房に足を踏み入れた瞬間、機関のポリシーとして明記する「紙の概念的発展」に対する志の高さとプライドが伝わってきた。

ガイドスタッフが紙制作専用工房の特大冷蔵庫から木材や草より抽出した繊維である漂白済みパルプ材をひとつまみ手の平にのせてくれた。実際にパルプ材に触れたのはそれが初めてだった。一立方センチほどの湿った白い塊を指先でほぐすとヒヤリと温かいような言葉にしづらい奇妙な感触が伝わってきた。そこには「絵」と「パルプ」との深い必然性が関係しているように感じた。

紙には様々な版画技法との相性があり、技法によって使用インクも異なるため、紙選びは重要な鍵となる。これまで刷りに適した既製紙を選ぶことが常で自分で作った紙を使ったことはない。

パルプ材からの紙制作に関わることは版画における版と紙の関係に踏み込むことでもあり、それはとても大きな可能性だろう。

現時点でそれがどんな工程なのかは不明だが、これまで自分が認識していた「版画」とはまったく異なる技法に出会ったような興奮をすでに感じている。

夜、シンガポール川沿いのバーに寄ってみた。

高校生のころ、画集を眺めていて作品タイトルの並びに「シルクスクリーン」という単語と出会ったときのことを思い出していた。

その瞬間、素人には手の届かない専門的で複雑な技法に違いない、そう受け取ると同時に、いつか絶対ものにしたいと思った。そこには油絵、水彩画、色鉛筆、クレヨン、パステル、木炭、コンテといった画材とは明らかに一線を画する響きがあった。「絹布のスクリーン」と頭の中の絵がどう関係しているのか、考えるほど「シルクスクリーン」のイメージは遠のいた。

調べると「孔版印刷」であることと共に簡単な印刷工程が説明されていたが、やはり具体的な絵を想像出来ないままだった。最終的に、同じ絵を複数枚刷るためのステンシル的な「版画」の一種であり「セリグラフィー」とも呼ばれることがわかっただけで、結局「謎の技法」としてあり続けた。

その後美大の油絵学科に属したが六畳間で描ける油絵よりも自分の中で決着を見ない「シルクスクリーン」への興味が募った。

しばらくしてデザイン学科にその施設が整っていることを知った。こんなことならデザイン学科に入ればよかったとすら思い、見学がてら工房に出入りを繰り返すうち、幸い施設の一部を使わせてもらえるようになった。

そこでスクリーンとは木枠に布を貼った版であること、耐久性の問題から一般的に絹布ではなくポリエステルやナイロンなどの合成繊維布を使用していること、写真フィルムから版への焼付け工程や刷り方など、部外者の自分に快く教えてくれる人物との出会いが生まれた。その出会いはその後銅版画やリトグラフ、オフセット印刷への強い好奇心を培ってくれた。

当時まったく部外者の自分が偶然出入りするようになったデザイン学科の版画工房にも、今回シンガポールの工房で感じた真摯で前向きかつフレンドリーな空気が流れていた。それは日本の現代美術界では普段なかなか感じることのない素直な心地よさに満ちていた。

それぞれの技を極めた専門家集団が加わり、よりベストな完成地点を共に目指す版画制作には個人だけでは到達し得ない世界があるに違いない。

シンガポール川の脇で新たな絵を作れること、それが素直にとても嬉しい。

二〇一五年二月

見えないインク

昨秋からの展覧会終了にともない、年末再びロンドンを訪れた。

帰国前日の午後、観光客や買い物客でごった返す中心街の大通りを歩いた。

周辺の通りや建物はクリスマスの飾り付けも準備完了、人々は華やかに浮き立っていた。そんな雑踏の中、ふと「テロ」の二文字が浮かぶ瞬間に日本からの距離を思う。

通りすがりの人ごみの隙間から、狭い間口の古ぼけた店がチラリと見えた。何の店なのかわからなかったが、気になりドアガラス越しに中を覗いた。

作りは細長く奥へとのびている。ロンドンにも鰻の寝床はあるのだと思った。左手に女王エリザベス二世のモノクロ3D絵葉書が見えたので暇つぶしに寄ってみた。女王陛下の後ろ姿を群衆の彼方に一瞬目撃したのは即位二十五周年シルバージュビリーの年、一九七七年のことだ。

ここはカードを扱う店なのか？　手に取った白髪の女王陛下はおっと一枚八〇〇円、3D仕様とはいえ微妙に高く感じたが、ここは〝ハー・マジェスティー〟敬畏をもって在庫分含め三枚を購入した。

入口近くのレジまわりにスターウォーズのカードが帯状にダラリと吊ってある。周辺にも見たことのない宇宙モノの物件が見えた。絵葉書や封書を収めた棚、紙箱に収められた複数のフィギュア類が並び、親子連れや若者数人がそれらを一心に物色していた。

一見どこにでもある観光客用の小物雑貨店のようである、が確実に何かが違う。こちらを無性に駆り立てる空気を感じた。

書類や封書の束をクタクタの普段着姿の店員らしきジイさんが黙々と処理している。

店の奥は深い森へと続く倉庫のようだ。その手前では商品整理なのか、ジイさんと似た身なりの年配男女がノートを手にやり取りしていた。意味もなくじわりロンドンっぽさが忍び寄る。それにしても手紙や書類が多すぎやしないか？

尋ねるとそこは六〇年代半ばから続く古切手専門店とのこと、瞬間、見知らぬ六〇年代〝スウィンギング・ロンドン〟の活気と切なさが同時に込み上げた。

三十数年前ロンドンで定期的に通っていたヴィンテージ雑誌専門店の様がゆっくり浮上してきた。そこには戦後のアメリカンコミックスや各国の様々なパルプマガジン、芸能関係のタブロイド紙がジャンル別年代順に入り乱れるように並んでいた。雰囲気はとてつもなく雑、しかし極めてわかりやすく心地いい。

壁面にはタバコやお菓子のオマケカードやチラシ類、映画ポスターやスチール、解説カタログが透明袋に入れられ、びっしりとコラージュされていた。

それら一角をどのように切り取ろうが、あらゆるディテールには血の通ったライブ感が満ちていた。その場には美術館やギャラリーから本能的に逃げ続ける美の浮浪者が潜んでいた。

高価で入手不可能な代物も多くあったが、基本的な価格は庶民的、立ち寄れば自分でもなんとか手に入るお気に入りの物件に必ず出会った。

一九四〇年〜五〇年代にかけてのオリジナル映画ポスターが常備され、タイミング次第で見せてもらえた。それらは写真を多用したオフセット印刷ではなく、絵を基本とするリトグラフ印刷のものが圧倒的に多かった。

版画的風合いの大衆ポスターに和む体温を感じ、「映画ポスター」の歴史に直に指先だけでも触れたような気持ちになれた。

そこに身をおくと、この世のあらゆる印刷物から吹く風がこちらの創作欲に絡みつくような心地よさがあり、一刻も早く小部屋に戻って次を作ろうという気分になった。

その店にも野暮ったい普段着姿の年配の店員がいて、愛想はないが、奥から何かと珍品を取り出してきては見せてくれた。

現在、その店は存在しない。

興味を異にする人間に取っては単に汚いとしか映らない美の一角、ココはかつてのあの雑誌店と同じ匂いがする、そう感じた。

3D女王に惹かれて立ち寄った店は、古切手のみで経営の成り立つご時世でなくなったのか、広い年齢層をターゲットにかつてのヴィンテージ雑誌店を彷彿とさせる様々な商品も扱っていた。専門である世界各国から集めた切手以外にも、使用済み封書・手紙やポストカード、ステッカー、記念品などが雑然と置かれている。壁棚や床に置かれた段ボール箱には未整理の古切手、手紙類が突っ込まれ、引っ越し直前の学者の部屋を思わせた。

アッケラカンとして一途、シンプルで真っ当な何気ない愛に満ちた空気、好きなものにだけ時間を

BIRTHDAY WISHES
THE WASHBOARD BIRTHDAY SPECIAL
"DIDDY
£25.00.
RECORDED 'LIVE' AT KNOTTY ASH
Chris Barbe
Jazz Para
CHRIS BARBER'S JAZZ PARADE
4 TRACK-E.P.
£10.00.
The Official Beatles FAN CLUB
Another Beatles Christmas Record
OFFICAL BEATLES FANCLUB CHRISTMAS FLEXI-DISC 1964.
£130
BLUE-GLASS PAPER WEIGHT
£21-50
POOLE POTTERY 'DELPHIN' DISH
CIRCA 1970
£27-50

投じることへのささやかな歓び。その空間には過分な期待や欲を濾過したあとのこざっぱりした粒子が漂っていた。

自分にはコレクターとして切手を収集する趣味はないが、それらを眺めるのはいまも好きだ。四色印刷のキラビヤカなものではなく一、二色で刷られた、どちらかというとクラシカルな図柄の古切手にグッとくる嗜好は子供のころから変わらない。

気に入った切手に出会った瞬間、胸がザワつく。一瞬ポッと心に灯がともる、ただそれだけの小さな歓び。老舗店で久しぶりに世界中の切手を眺めながら、いまだ言葉に置き換えることのできないそんな高揚感について考えた。

かつて「切手」は世界を結ぶ通信券として生まれた。ついこの間まで人々を結びつける大義を担う中心的な手段として、人々に喜びをも与えつつ世界中を駆け巡っていた。

様々な国が吹けば飛ぶ極小紙面である「切手」にこれほどまで独特の美を必死に生み出し続けていたことに感動する。

こんなに小さな印刷物が世界の人々の運命を日々司っていたことはすごく正しかったのだと改めて思う。

その店で小一時間ほど過ごした。いつの間にか外のクリスマスの雑踏から切り離された静かな時間が過ぎていた。

結局その店で四〇〇ページあまりの古い切手アルバム二冊を購入した。

どれくらい前のものなのか正確にはわからない。中の切手から推測すると六〇年代のイギリスで収集家が放出したものには違いない。購入目的は作品への取り込みなので、自分自身が何かしら同化したいと素直に感じるアルバムを選んだ。

背のはがれた赤色カバーのスタンプアルバムはあらかじめアルファベット順に国名が首都、通貨種と共に分類されていた。各ページに切手四十枚分ほどの貼りしろ用余白があり、コレクターは様々な国の切手を見つけ一枚ずつページを埋めていったのだろう。ビッシリと貼り込まれたページには独特な興奮が刷り込まれている。

古切手との邂逅から生じた配置構成には、コレクターによる一期一会の異国風景が重なっていた。パラパラとアルバムページを繰るうち、制作中のスクラップブックが頭に浮かんだ。それらにはなにか共通するものがあるように感じた。

ページに印刷物を貼る、といった形式的な事柄ではない。継続的な思いの醸す「見えない密度」のようなもの？　手中のアルバムに縁と時間と好奇心が入り混じる見えないインクを思った。

二〇一五年三月

形の尻尾

スケッチに、「筆ペン」をよく使う。

文房具屋に吊ってある普通のものだ。最近は色数も増え、使用頻度が増した。

二十代のころ、「筆ペン」を発見したときは衝撃を受けた。

「毛筆」と「ペン」、柔硬正反対のイメージを合体したネーミングにも驚いた。筆軸部分に液状の墨を常備し使い切れば新たな替え軸ごとリセットするアイデアは同時代に出会ったヘッドフォンステレオ同様のインパクトがあった。

最近は薄墨の「香典袋用」が気に入っている。真っ黒の墨では出ないグラデーションが予想外の効果を生む。それで身の回りのものをよく描く。

スケッチは思い立って描いて終わりといった流れが好きだ。深く考えず感覚的に形を摘み取る、それ以上でも以下でもない遊びがある。

油絵に関してなかなかそうはいかない。

なにかしらのタイミングでカチリと気持ちが動かないと油絵を描こうという気にならない。その感覚は水彩絵具とも大分違う。

同じ絵でも自分の中には油絵専用のスイッチがあるようだ。ふいに訪れる「きっかけ」を通して猛烈に油絵を描きたくなる。

その状態に置かれたときは、内側への微妙な振動が消え去る前に一刻も早くその「形」を表に出して確かめたい、そんな欲求が募る。限られた時間内に一点でも多くさまざまなバリエーションの「形」を画面上で見てみたい、そんな気持ちに駈られる。


この三週間、断続的に油絵を描いている。

当面の目的はないが「きっかけ」が起き、作業が始まった。

油絵を描き始める直前まで無臭に近い水性接着剤で紙片を貼る作業が続いていたためか、テレピン油の匂いが新鮮だ。その匂いは自分にとって揮発状の「記憶喚起装置」でもある。しばらく間をおいて嗅いだときは忘却の彼方にあった映像がいきなりフラッシュバックすることがある。お前の「過去」と「現在」を匂いで表現しろといわれたら、テレピン油瓶の蓋を開けるだろう。

結果的に連作につながる絵の「きっかけ」はいつも唐突に起きる。

今回はたまたま手にしたバクテリア図鑑だった。

時間つぶしに立ち寄った本屋で手にしたその図鑑。ページ上の形状がストンとなぜか腑に落ちた。おそらく他のバクテリア図鑑では起きなかったことなのだろう。その特定の図鑑を見た瞬間、内側の曖昧な形が一気にバクテリアに吸い寄せられる思いがした。自分が見たい「形」とその図鑑の中の解説図に共通するなにかを感じた。それを呼び水に内側の形を引き出せる、そう思った。

「きっかけ」が起きたときの感覚は「心の隆起」「内側の動き」のようなものだ。ほんの小さな動きだが、普段とりとめなくバラバラに散る「形」の数々が連鎖して一つの場所に集合する。

「きっかけ」はいつも些細な出来事だ。

今回同様、偶然手に取った商品カタログの小さな写真や新聞のモノクロ報道写真、電車中吊り広告のレイアウトやレタリング、路上で目にした壁上の落書き線やビル壁の雨シミなどで、一体なにが「きっかけ」となるのか、まったく予測がつかない。

それらの醸すニュアンスが制作モードにつながると、内側に普段悶々と漂う「形らしきもの」が浮上してくる。そこに初めて輪郭が見えてくる。

一枚目の絵に尻尾の先端部ほどであるにせよおぼろげな内側の輪郭が画面上に現れたとき、手応えはより強まる。

偶然目の前を横切る気配の尻尾だけはとらえたといった衝動、それは全体への連作につながっていく。

尻尾だけの一枚目はいつもあっけなく終わるが絵の完成度は求めない。追った途端、尻尾の先端部がスッと消えてしまうことが多い。スカスカな画面の余白を残したまま終え、次の絵でより確かな形を探っていく。

今、とりかかっている絵は十点あまり、すべて九〇×七〇センチほどのサイズで、交互に描いたり消したり行きつ戻りつを繰り返している。探りを入れるような心境で、「やり過ぎ要注意」を肝に銘じる段階だ。

内二点は少しうまくいっている印象がある。余白だらけの絵だが、そこに尻尾を捕まえたような感触を感じている。それを手掛かりに他の絵でより確かにできればと進めている。

絵が「うまくいく」とは、口を突いて出る個人的な言い回しだ。これまで自分が描いたことがない絵ができたのではないか？　以前にない「形」が出てきたのではないか？　ふとそう感じるときの思いだ。通常あまりないことで、今回の打率二割はかなりの出来事だ。

普段の、絵に対する考えや思い、ときどきの気分や興味、画面上の偶然の色味や線、テクスチャーなどさまざまな要素があるタイミングで交差し、稀に「形」が画面上に現れたとき、そう思う。

こればかりは条件が揃えばまたうまくいくということはない。それを「起こす」術はなく、「起きる」ことを信じて続ける以外ない。

他の三点は、どうしてこうなってしまうのかドンドン手のつけられない方向へ突き進んでいる。手を入れるほど目の前の状況はとっ散らかっていく。それをなんとか食い止め、より良い方向へ持って行こう、自分が絵を描いているときの心境はいつもそんな感じだ。

絵から距離を置き冷静に客観的に見てみる方法を耳にするが、自分にはあまり向いていない。昔から絵全体のバランスや構図を図ることに興味がない。

一気呵成に事がトントンと進み無心のまま作業を終えるという境地からはほど遠い。時間の経過とともに何かしらつまらぬ考えが浮かび始める。

これは致し方ないことだ。うまくやってやろうといった魂胆から生じる阻止不可能な流れだ。そんな欲が気持ちを横切る瞬間にそれまでの流れは途絶える。一旦作業を止め、油絵具がある程度乾くのを待つことになる。

ときどき「処理しかねる形」「わからない形」が現れる。

引っかかる形だが、どうしても尻尾を摑めない。どうにも「今」とズレていき一切先に進めなくなる。そうした形が現れた途端、絵にピリオドが打たれ、終えるしかなくなる。

うまくいったとは到底思えない。「形」に対してまったく納得もいかない。

ただなにかの「形」に違いないといった思いのみが立ち上がる。

そうした絵は作業を止め放置する。

そんな経緯で放っておいた絵の中には、かなり時間が経ち忘れ去ったころ、新たに描き始める連作に深く関係していることがある。

アトリエの隅に立てかけておいた絵を裏返すと、何年も前に「きっかけ」を飛び越して出てしまっていた形を見つけることがある。

そんなとき「わからない形」にだけ流れる絵時間を感じる。

それを「きっかけ」に油絵のスイッチが入る。

「わからない形」には尻尾がない。

二〇一五年四月

桜と実家

川沿いの桜の開花もそこまで来ている。

年明けから油絵モードのまま絵を描いていたが、用事で三週間あまり宇和島を離れた。

絵が連続して出てくるときは一カ所にとどまり、できるだけ心の中の形を目の前に吐き出し見てみたい気持ちがはやる。そういったタイミングに、移動やら雑用やらで絵の流れが途切れるのはもどかしい。

三カ月ぶりの東京。大都会は罪深い呑み屋が多すぎる。

立ち寄った懇意の酒場で貴重なジャズレコードを不意にいただいた。

手に取るなり開いたダブルジャケットの内側にはミュージシャンの横顔がモノトーンで大きく印刷されていた。その写真は絵に直結した。しばらく眺めているうち、これは油絵だなと感じた。

翌日そのジャケット写真から濃い青一色で小さな油絵を描いた。

それが乾燥するころ画材屋に立ち寄ると、長らく気になったまま手に取ったことのない油絵仕上げ用のニスが目にとまった。

描いたばかりのミュージシャンの顔にそれを塗って仕上がり具合を試してみたくなった。予想以上に粘度の高いドロドロの亜麻仁油ニスはテレピン油に混ざり合い春先の匂いがした。都会ではよくレコード屋をのぞくが、自分で購入したものだったらおそらくその絵は描かなかったに違いない。ヒョンな流れと季節と人の気持ちがレコード写真と絵と亜麻仁油ニスをキャンヴァス上に結びつけた。

身体の移動は内側への変化を確実に促す。移動とともに心の位置や有りようも変わり、形に影響を及ぼす。それが結果的にいい流れにつながるときもあれば逆のこともある。

肉体移動と内側の形はシンクロしている。それも絵の一部なのだろう。

仕事場に戻るとローカルニュースが開花宣言を伝えていた。

油絵モードはまだ途切れていない。今年は桜と油絵が重なった。

来春に向け瀬戸内海の島での新たな作品制作のプロジェクトがスタートした。

島内で使用されなくなった古い工場跡地を作品化するといったこと以外、決定的なアイデアはまだ出ていない。

実現すればこれまでで最大級サイズの作品になるが、今は思いつく限りのアイデアを出している段階だ。試行錯誤の期間はもどかしく、重圧感や不安があるが未来を向く興奮もある。

当たり前すぎる考え、単なる考えすぎ、こじつけ、悪い冗談にしか思えぬアイデア、正解には違いないがまったくつまらない形……イメージや単語が次々浮かび上がる。

そこに共通するのは「決定力のなさ」だ。これだ！　といった手応えからはまだまだかなり遠い。

考えることは常に重要だ。一旦スタートしたら細火にせよ絶えることなく無意識に考え続ける状態を保てるかどうか。それは最終形への鍵だ。

しかし考え抜いたその先で「幸運な事故」にぶつからない限り、決定形には至らない。作品設置現場に足を踏み入れた瞬間、「ここでなにかできる」といった感触が少しでもあればすでに作品への入口にいる。そこからが長い。

入口に立つと同時に焦点の合わない至近距離に漠とした無数のアイデアがザッとブラ下がる。その中にひとつだけ最終アイデアは潜んでいるが、具体形は見えない。

一つずつ不正解を潰していく。最終的に三つくらいまで絞れるところまでいく。どれも作品として成り立つと思え、迷いが生じる。再び最終形がスッと遠のく。

そこから先、何かが起きるのかどうか？

「何か」とは一気に最終形に詰め寄る決定的な触媒要素で、一見作品と無関係に思える事柄が関係している。

街中で偶然目にした形であったり他愛のない会話での単語だったり誰かの文章だったりする。それらが時々の心の動きと同調したとき、霧は一瞬で晴れ、「明確な形」が立ち上がる。

自分の中では絵と立体作品では「無駄」の意味がまったく異なる。絵は足し算を重ねた結果から消去に向かうことが多いが、立体作品では常に引き算が働く。どれだけ「無駄」をそぎ落とすか、そこが重要な鍵となる。

極限まで簡単にすること、今回もそこだろうと感じている。コンセプトを超えて決定的な手応えを感じるかどうか、心がガッと動くかどうか。

肌寒い風の日、東京の実家に寄った。

高齢の母親と暮らす兄貴夫婦の住居に隣接して建つ空家を壊すことになり、その様子を確認する目的もあった。

東京オリンピック前年の一九六三年に越した二階建て木造家屋で、小学校三年の二学期から二十代半ばまで過ごした場所だ。

昭和四十年前後、その周辺には自転車でいける距離に売れっ子マンガ家の仕事場が複数あった。小学校の頃は贔屓《ひいき》のマンガ家の住所を調べては描きためたマンガノートを手にいきなり訪れ、サインや使用済みのアニメセル画をもらった。「ウルトラQ」がテレビ放映された頃でもあり、近くに怪獣着ぐるみ制作場所があると聞き訪れた作業場ではスポンジ製の尻尾の切れ端をもらった。そんな様々な思い出がこの実家と強く結びついている。

十数年前まで使っていた空家はすでに築五十二年、老朽化が進み限界がきていた。

これまでキチンと見ることなどなかった実家の外観をしばらく眺めた。

目の前の古びた木製のガラス引き戸の玄関から北海道別海町に行きまたロンドンに行ったことを初めて実感した。

同い年のイギリス人のことが頭をよぎった。

当時ロンドンに住んでいた共通の友人の縁で、彼女が初来日の際、その実家二階にしばらく居候することになった。当時は陶芸家志望、伝統的な日本美術を淡々と学んでいた印象が残る。イギリス人は日本に、日本人は西洋に目が向いていた。こちらは美大に通いながら迷走していた時期で、展覧会

どころか、この先なにが起きるのか、具体的な人生計画など遠く及ばぬところだった。

昨年秋展覧会でロンドン滞在中、その当人から連絡が入った。

実家の一室から京都へ移って以来、音信不通だったが不意打ちのように耳にしたのは相変わらずの懐かしい日本語のトーンだった。

好天の肌寒い年末、昼時に会うことになった。三十五年ぶり、お互い還暦直前の再会で、彼女の笑顔は当時のままだった。

彼女は著名な画家になっていた。ロンドンとニューヨークにアトリエを構え行ったり来たりの生活で、翌日からノルウェーに行くと言った。

ロンドンでの展覧会がなかったらその日のランチはなかっただろう。

縁とは返す返すも不思議なものだ。

ボロボロの実家がユラユラ揺らぐ縁の化身に見えた。

二〇一五年五月

S先生と絵の根っ子

毎年世界各地の大都市を中心に「アートフェア」が開催される。「アートフェア」とは作品の展示売買を目的としたコレクター、ギャラリストなど美術業界対象の見本市という偏見が長らくあった。

昨年個展と時期が重なったこともあり、初めてロンドンのアートフェアを訪れ、そんな認識が一変した。広い公園敷地内に、古代美術からピカソ、ゴッホといった近代マスターズによる作品までを取り扱う会場と、現代美術に国際的な影響力を持つ多数のギャラリー等からなる会場が離れた位置に設営され、家族連れなど多くの一般客で賑わっていた。

プライベートジェットに乗って数億円の絵画を購入しにくるコレクターの日常を目の当たりにすること自体がこちらの非日常であり、世界の様々な美術状況を垣間見る場でもあった。

広い会場内をしばらく歩き場に慣れてくると、ベラボウなプライスの名画前での交渉ごとがアートパフォーマンスのようにも見えはじめ、巨大空間全体が進行形の現代美術作品に思えてきた。

至近距離で見る巨匠作品の鑑賞は目の保養にはなったが、個人的には制作衝動に直結する「現代美術」会場にリアリティを覚えた。

「現代美術」の定義を一つに集約することは不可能だが、展示会場を通し「作品と現代社会とのつながり」が最低限のテーマとして求められているように感じた。作品が世の中とどうつながりオリジナルな作品として成り立っているのか？「感覚」と「コンセプト」の二つが同時に成立していないものは排除されていく暗黙の掟のようなものを強く感じた。

以前から「コンセプト」を具現化しただけの作品にも、また、個人的な趣味のみを追求するだけの作品にも心が動かない。思いの先で偶発的に「現代」と重なってしまっている作品、個人的にはそんな創作物に反応する。

「エッ？　コレでいいの？　コレで完成？」といった作品に出会う確率は多くのギャラリーが一堂に集うアートフェアが圧倒的に高い。作者以上に選者の心意気を感じる瞬間だ。制作時間十分？といった作品がストンと内側に入り込んで心を去らないとき、ヤラれた感がしばらく心に残る。

そのような作品に共通して感じるのは「なにかが起きてしまっている空気」だ。「起きてしまっている画面」に直面するとき、しまったと思うと同時に希望が生まれる。


肌寒い春の午後、小学校卒業以来四十七年ぶりのクラス会に顔を出した。

同窓会やクラス会に積極的に参加したことはないが、今回はどうしても出席したい思いがあった。

小学校三年時の担任で洋画家でもあったＳ先生がクラス会のため郷里の長野からわざわざ上京されること、御歳八十九歳、今も毎日精力的に油絵の風景画を描かれていることを事前に耳にしたのだ。

かつての同級生たちとの再会が近づくにつれ、長い時間の隔たりからか現実味が遠のき、前世で撮影した映像の数々を編集しているような妙な気分になった。頭の中をループ状に繰り返す露光オーバー、色味の飛んだサイレント映像が流れるようで、一コマごとに温もりと冷気が交互に流れる思いがした。

小学校三年の二学期、引っ越しに伴い転校となった。それまで暮らした東京南部の工場地帯の商店街での友達との結束感や興奮の日常から環境は激変した。当時、祖母が池袋の東口でカバン屋をやっていた関係から西口近辺に仮住まいとなり、毎朝の通勤ラッシュ時の電車通学が始まった。

東京オリンピック直前の昭和三十年代後期、池袋西口はまだ戦後の空気が色濃く残る殺風景な地域で、引っ越しを境に風俗街が通学路になり、時々見かける下着姿のお姉さんへの挨拶が日常に加わった。

帰宅路に見上げるヒビだらけのモルタルビル屋上に昼間から灯る赤いネオン管「トルコ」は小学校時代の大きな「?」として長らく尾を引いた。

そんな変化にしばらくは耐えていたが、友達も出来ず登校拒否になった。毎朝の仮病パターンはあっという間にネタがつき、布団からトイレにダッシュ、内鍵籠城やらなんやらと、その時期はだいぶ親を困らせた。

一生学校へは行かないと心に誓っていたころ、心底心配していただいたのが担任のS先生だった。図工担当のS先生はいつも絵具のついた薄茶色のコーデュロイジャケット姿でタバコを吸っていた。ある日祖母と一緒にS先生の自宅を訪ねた。なぜ親とではなく祖母だったのかは記憶にないが、おそらくは不登校の相談だったに違いない。

S先生宅に着くと生まれて初めて「アトリエ」という空間に通された。鼻をつくいい匂いがした。

そこは広めの板の間で、イーゼルには描きかけのキャンヴァスが、壁には描き上げたばかりの絵が数点掛かっていた。

絵具がゴッゴッと盛り上がる絵というものを初めて目の当たりにし、それが「油絵」というものだと知った。

目の前のS先生は学校で会う人物とはまったく違って見えた。「担任」は仮の姿で本当は「絵を描く人」であることを実感した。

それ以降、S先生とだけは話をするようになり、徐々に登校が苦でなくなっていった。

ある日、屋外写生の授業中、一人離れた場所に座り水彩絵具で鉄条網越しの雑木林風景を描いていた。背後の気配に振り向くとS先生がしばらく黙ってその絵を見ていた。

「大竹の描いた樹は蹴ったらへこんじゃうな。樹は地面の下でびっしり根っ子を張ってるぞ。見えない根っ子がしっかり地面の下にあるような樹を描いたらどうだ」そんなことを指摘された。何も言い返せない説得力を感じた。

中学に入り偶然観たレンブラント展をきっかけに独学で油絵を描き始め、近所の画材屋さんに通う習慣ができた。

その画材屋さんとは今でも懇意で、ときどきキャンヴァスの端材や売り物にならない油絵具を送ってくれる。

それらの絵具は蓋から漏れ出したものがラベルや紙箱に茶色い油染みをつくっているといった代物で、売り物にはならないが中身に問題はなくありがたい。絵具にも一生があるようで、経年劣化とともに売れにくくなり何かしら漏れ出す点は人間と一緒だ。

先日油が滲み出た黄色い紙箱入り油絵具がいくつか届いた。油焼けで変色した薄黄色の紙箱デザインは十分に昭和テイストで「Keep'S」という見たことのないロゴタイプ、ロンドンのメーカー住所が記されていた。酸化した紙箱は崩壊寸前で、つかむと指先形の穴が空いた。

中からは百十ミリリットル入りの太めの油絵具チューブが出てきた。チューブ底はペチャンコにつぶれ、蓋からレモンイエローの絵具が少し滲み出ていた。

瞬間、酸化気味の匂いが鼻をつき、遠くの記憶に直結した。胸を締め付けられるような切ない気分が混ざっていた。

初心の匂いだと思った。

牛舎とロンドン安ホテルの廊下とS先生のアトリエが心に蘇った。

クラス会ではS先生の隣で過ごすことができた。かつての「根っ子話」をすると、先生はただ笑っていた。そして、カバンから最新作の刷られた絵ハガキを取り出すと皆に配り始めた。

二〇一五年六月

ゴミ屋敷プロジェクト

今年のゴールデンウィークは東京の実家に足繁く通った。

久しく「物置」と化していた築五十二年の木造家屋の老朽化が進み、年内に取り壊す可能性が出てきたのだ。

まずは長期間放ったままの荷物処理が急務となり、梅雨前の暑くならないうちに少しでも作業を進めることになった。

敷地内に隣接した別家屋には八歳上の兄夫婦が高齢の母の世話をしながら今でも住んでいる。一週間ほどかけて、兄と二人で先の見えない仕分けやゴミ捨て作業に明け暮れた。

東京オリンピック前年の昭和三十八年に越して以来、小学校から大学時代にかけて十数年間を家族四人で過ごした家である。

二十数年前に活動拠点を東京から四国に移してからも上京の折に度々立ち寄ってはいたが、家屋を過ぎ去った時間と重ね合わせてじっくりと眺める機会はこれまでなく、改めてその場所が様々な出発地点だったことを思った。

几帳面な性格の兄からはこれまで幾度となく荷物整理を促されていたが、自分自身が八歳から二十五歳までに収集した忘却の彼方のモノモノが埃まみれで待ち構えている六畳間を思い浮かべると、「片付け」など考えるだけでも恐ろしく、長年後回しにしてきた。

実家自室で対面すべきモノとは主に当時購入した雑誌や本、学生時代の画材や作品類だ。強い日差しに塵の舞う元自室に足を踏み入れると、兄がザックリと整理した本がドッと積まれていた。

大半は雑多なジャンルの文庫本だ。携帯もパソコンもない当時、移動中は「活字」が暇つぶしの主な要素で、外出時はとりあえず文庫本をカバンに放り込んでいた。

その後「カセット式ヘッドフォンステレオ」が出現し、以降、文庫本以外に自分で編集したカセットテープ数本が加わった。

刻々と変化するリアルタイムの風景の中で音楽を聴くことに予想以上の刺激を受け、「移動＋機器操作＋音鑑賞」が日常の一部となっていった。

そうした音への接し方の変化はそれぞれの仮想空間を公に求め始めた初期の出来事だったのだろう。

当時購入した様々な「雑誌」は圧倒的に消耗品といった思いが強かった。四十年あまりが経ち書籍のデータ化が常識となった日常の中でそれらを手に取ると、変色したパルプ紙の束がアナログ盤のように思えてきた。

路上で衝動的に拾った意味不明の物体も多い。棚奥から湧き出てくる怪しげな物達は今現在の自分に無言の問いを投げかけてきた。

「で、結局どうするの？」

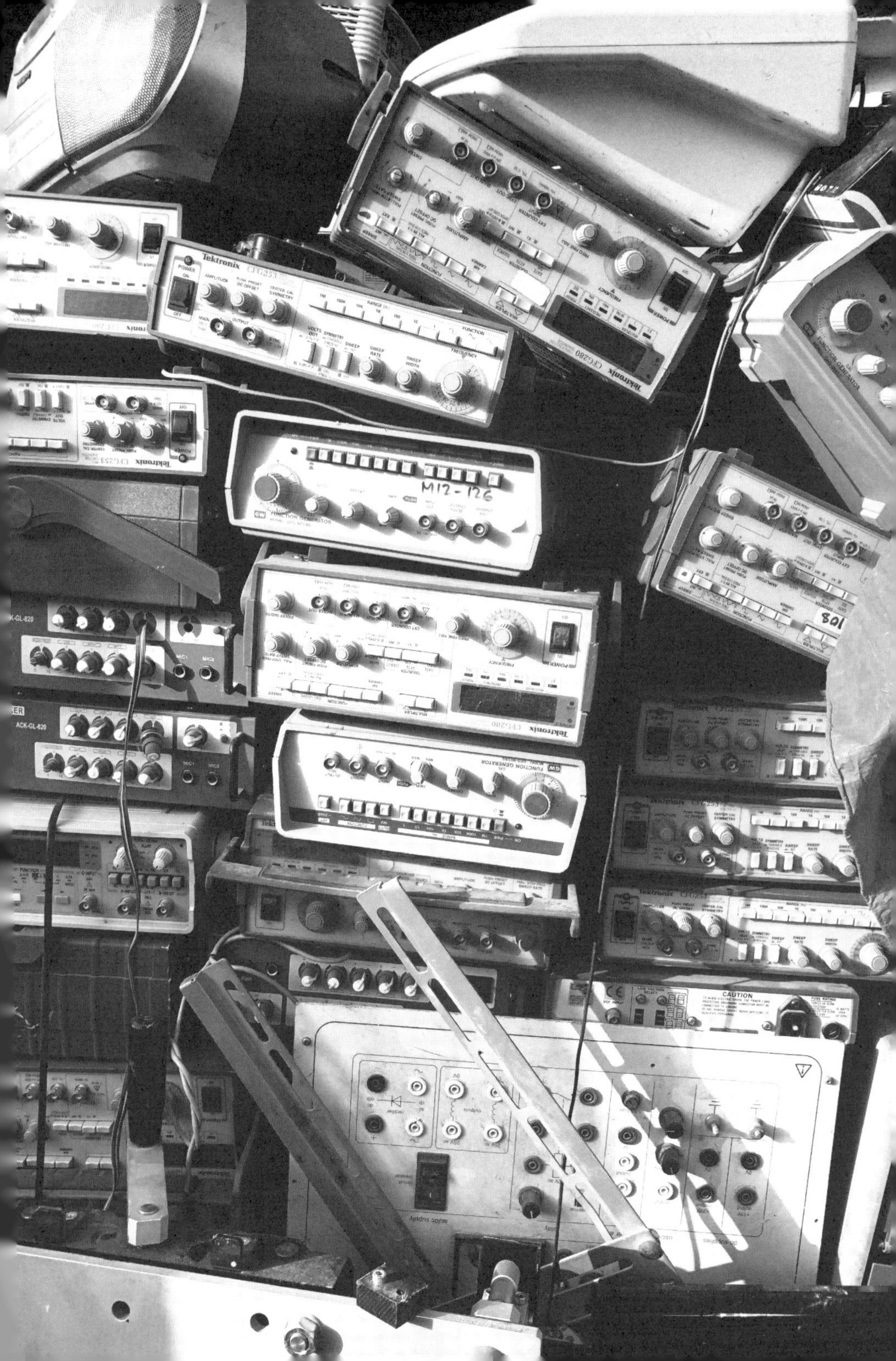
Tektronix CFG253
POWER
AMPLITUDE
FUNCTION
FREQUENCY
Tektronix CFG280
M12-126
GW FUNCTION GENERATOR
801
ACK-GL-820
MIC1
MIC2
CAUTION

こちらのムナグラをワシづかみに運命を迫る木箱や古い棚、鉄製ミシンや駅貼りポスター、板や壊れた小型機器の数々。持ち帰り途中に何度か職務質問を受けたことも思い出した。

もし再び当時の時空にいきなり放り込まれたら、おそらく同じものを路上で拾うに違いない、そう思うと目の前のモノが業《ごう》の化身に見えてきた。

かつての拾得物を眺め、今の自分との「共通項」を考えた。

「作品に関係するテイスト」そこに尽きると思った。

時間や経験を経て表面的、技法的な「作品」の内容は変化していくが、人の核部分は決して変わらない、そう思った。

偶発的に出会った路上物体、それらはすでに空気中に漂う「未完成作品」に組み込まれていた。

「単なるモノ」は出会いの瞬間すでに「影響」を持ち始める。「反応は易く形成り難し」

今も昔も、モノが「作品」としての最終的な形を成すことは非常に稀だ。

「人」と「モノ」との影響関係の持続、それは結構朽ちやすい。

「何かに使える？」、それはとても危険な誘惑だ。

水道の蛇口に束ねて巻かれた輪ゴム、冷蔵庫扉に無目的に貼られる小型ステッカーの羅列を思えば一目瞭然だ。そのコンセプトをもって「路上放置物体」と五年も付き合えば、世間からはいっぱしの「ゴミ屋敷」と呼ばれるだろう。

「何かに使える？」、人がふと思う「何か」「使う」とは一体なにを指すのか？

ここを曖昧にするととんでもない混沌世界へ突き進む。

自分にとっての「何か」とは常に「作品」だった。

理想としての「作品」イメージはどうにもピンぼけのまま焦点を結ばないが、それら路上物が「作品」と絶対につながっている「何か」だといった確信はあった。

「ここに作りたいモノの鍵がある」、そんな思いが浮かぶと、とりあえず持ち帰って眺めた。

それらのモノ達に詰めの甘さをなじられ、いつも初心に引き戻された。ココからもう一度考え直せ、いつもそう詰め寄られてきた。

時折報道で近所迷惑の代名詞的に「ゴミ屋敷」が映し出される。

周辺からは明らかに変人扱いで語られる住人の口からは、悪びれる様子もなく「ガラクタアート」「オブジェ」「資源」といった単語が飛び出す。

そんな姿に接し、まったく他人事とは思えぬ気持ちが頭をもたげる。

最近繰り返し報道された「ゴミ屋敷ビル」の屋上には、長年集めた銀色のアルミ缶がビッシリと敷き詰められ鈍い光を上空に放っていた。一瞬ダブ系テクノ音が鳴り響いているようにも感じた。

これは自分には絶対思いつかない……ヤラれた感じがした。

主人の入室さえ拒むゴミ山積みのワイルドな玄関、人間とゴミの関係が逆転し、ゴミが地球を侵略する宇宙ウィルスのようにも見えてくる。

これは世間で流行りの「家」そのものを作品化する「家プロジェクト」ではないのか？　いや、「家プロジェクト」の無意識が現れ出でた「ゴミ屋敷プロジェクト」ではないのか？　そもそも「アートと家」の関係とはなんだ？

もし自分が街なかにアート作品を作ったら、おそらく「ゴミ屋敷」と区別がつかないものになるのだろう。一瞬で「万人が呆れる情景」にはかなりのインパクトが秘められていることは否めない。だが、それはそう簡単に意図的に作り出せるものではない。

テレビのコメンテーターが口にする「断捨離」三文字は「ゴミ屋敷」の不気味な強度の前に一瞬で砕け散る。

「ゴミ屋敷」と「ゴミ屋敷系作品」、二本の直線が急接近して交わることなく逸れていく。かつての自室で路上拾得物を片付けながら、そんなイメージが浮かんだ。

二〇一五年七月

濡れる絵の匂い

三週間滞在したシンガポールから戻った。

帰国後も、ギラつく日差しに揺らぐ熱帯都市の光景がマブタの裏に貼りついたままだ。

梅雨どきの曇天続きの日本をあとに到着したのは、シンガポール川沿いのホテル街の一角、見上げるビル壁にアジアの太陽が鋭角の陰影模様をクッキリと落としていた。

シンガポールでの目的はＳＴＰＩ（シンガポール・タイラー・プリント・インスティテュート）における集中的な滞在制作だ。

ＳＴＰＩは四階建ての建築物内に版画工房、展覧会場、運営事務所、作家用の宿泊施設を併設する「アーティスト・イン・レジデンス」形式の版画専門機関の名称だ。

一階はシルクスクリーン、リトグラフ、銅版画、木版画など各種の版画制作を取り仕切る版画工房とパルプ工房で、滞在中作家一人に対し十名あまりのエキスパートが献身的にサポートしてくれる。

展覧会を視野に与えられた制作期間は計五週間、今回の三週間の制作後、この秋に再訪し二週間滞在して仕上げる予定だ。

制作方針や作品点数のノルマ等あらかじめ与えられた条件は特にない。そんな願ってもない条件のもとで自分は何をしたいのか？

「自由」を前に、これまでの創作経験を根底から問われているような気持ちが頭をもたげた。

集中的な版画制作は三十年以上ぶり、学生時代にひと通りの版画経験はあるが、記憶はだいぶ曖昧だ。

異なる技法を試しつつそれぞれの特性を自分なりに把握すること、具体的な計画はなにもないままプロジェクトがスタートした。

初日、施設内を案内され、桁外れな大きさの印刷機が配置された作業場に啞然とした。

純粋な版画制作を目的として熱帯モンスーンの地にこんな場所が存在していることに愕然とし、「日本」の現況がよぎった。

道具や設備、印刷インクの匂いや作業音に接するうち、消えかけていた版画体験の記憶が蘇ってくる。

「絵画」は描きながら絵の変化を確認できるが、版画は版制作後のプロセスを経て刷り上ってみないとわからない。その時間差に時にフラストレーションを覚えることもあるが、刷り専門のプロと冷静に話し合い、作品の方向性を作り上げていく喜びは大きい。

今回は他国での出会いから絵を作り上げる貴重な機会だ。「上手くソツなく」ではなく「迷わず壊す」ことからやってみようと大サイズのリトグラフから始めることにした。

大規模な版画制作態勢に加え、ＳＴＰＩの大きな特質はパルプ材料で独自の紙を作り、パルプ絵具で作画を行う紙専用工房を有する点だ。

最大サイズ約三五〇×二三〇センチまでのパルプ紙が製造可能であることを知り、二日目の朝からリトグラフ制作と並行して、パルプ絵（Paper Pulp Paintings）に挑戦してみようと思った。

一九七八年にイギリスの作家デヴィッド・ホックニーが発表した「ペーパー・プール」という作品を通して、その技法があることを初めて知った。「ペーパー・プール」はＳＴＰＩの創設に深く関わりのあるアメリカのタイラー・グラフィックス工房で、「プール」をテーマに制作されたシリーズだ。

この未知の技法について当時カタログで調べたが、それまで自分が経験してきたものとはまったく異なる作業光景が多数掲載されていた。

絵の周辺には鮮やかな色の液状絵具の入ったバケツがいくつも置かれ、前掛けと長靴姿の作家は筆ではなく調理用のヒシャクを持っていた。平置きに上を向いた画面上には金属製の型が置かれ、「描く」のではなく型に色を「注ぎ」ながら作業する様子がカタログ写真から見て取れた。

一体どんなプロセスを経て「パルプ材」は絵に変化するのか？　様々な疑問が心に残り続けたまま、三十年あまりが過ぎていた。

紙工房での作業はドロドロの液状パルプ材を使って希望作品サイズの画面用紙を作ることから始まった。

それを金属製のバキューム式吸水テーブル上にセットし、複数のバケツに用意した色パルプ材（お粥のような粘度の液体）をヒシャクですくい画面上に流し落とすように画面の余白を埋めていく。

これは「絵を描く」感覚とはまったく違う、そう思った。

液状パルプの性質で、線的な描写や思い通りに色を置くことが非常に難しい。コントロールしようとすればするほど結果が逆行するもどかしさが募った。自分なりの方法をしっかり持たないと太刀打ちできないと思った。

色パルプが白い画面上にすべて置かれた完成直後の絵は、水が滴り落ちるほどビチャビチャに濡れた状態だが、時間の経過とともに水分は下に抜けていく。ドロドロの液体状態だった色パルプは固形の色粒に変化し始め、徐々に画面全体が濡れた紙レリーフへと姿を変えていた。

作画作業を終えるとそれを平らな状態のまま特殊乾燥装置に移し、画面下から吸水を続けながら上面から温風を送り込み、少しずつプレスをかけていく。

このプレス工程を経ることで色パルプは下地画面と合体し三、四日かけて完全に乾燥すると平らな「パルプ絵」の完成となる。

コントロールしようと思わないこと、これが「パルプ絵」に対して最終的に掴んだ自分なりのコツだった。

頭に浮かぶイメージが気持ちと重なる瞬間に迷わず画面に色を撒くこと、その時々の偶然性にうまく乗っかっていくこと……パルプ作業を通して「描くのではない絵」もあることを初めて体験した。

昼休みにはスタッフたちと川向こうの屋台食堂に通った。

ホーカーセンターと呼ばれる吹き通しのだだっ広い複合施設には椅子とテーブルが並び、それをシンガポール、マレーシア、インド、中華といった屋台料理屋が取り囲む。

値段はどれも四〇〇円前後、大半は未体験料理で、以後足繁く通うことになった。昼どきは近所の様々な職種の人々が集いあふれ、現地の人間観察には飽きることがなかった。

昼食後、混み合うチャイナタウンの雑踏を歩いた。

突然、鼻腔奥に強烈な漢方の匂いが突き刺さった。取り返しのつかない切なさをつきつけられたような、妙な感情がこみ上げた。

炎暑の香港の一角が浮かんだ。

七〇年代末、香港トンロー湾ロードの光景が熱波に絡まり鮮明に蘇った。

ふてぶてしくギラギラに照りつける太陽。蒸し蒸しで無礼で傲慢で利己的でデリカシーのひとかけらも感じられない路地裏の人混み。イライラと汗まみれで歩を速めた黒い油でベタつくアスファルトが鼻の穴からネチッと強引に切り込んできた。

この匂いは心底香港に傾いていったあの夏の光と影の粒子だと思った。

「匂いと記憶」の関係が時折路上に顔を出す。

それは遥か昔、自分の肉体がこの世に生まれる前からの血の記憶とつながるようにも感じる。

「色彩による匂いの光景」に出会うこと、それが今回のシンガポールでの着地点なのかもしれない。

二〇一五年八月

クレヨン以前　レコード以後

夏祭りの季節だ。

宇和島では毎夏七月後半の和霊大祭と牛鬼まつりの同時開催が恒例だが、なぜかこの時期は宇和島に不在がち、祭りを通しで体験することは意外と少ない。

久しぶりに祭り前のざわつき感に浸った。子供衆の声が新鮮に響く。

市内中心部に位置する商店街は直線状に六〇〇メートルほどのびる緩やかなスロープで、元はバス通りだったこともあり、街の規模とは不釣り合いに道幅が広い。

祭りが近づくと毎土曜日に夜市がたち、連の数々が踊りの練習場として使用するため、普段は閑散としているシャッター街もこの時期だけは活気を取り戻す。

先日久しぶりにアーケード商店街をぶらぶら歩いた。

夜市の片付け時で、まだ人通りが残る中、通路に座り込む幼稚園児くらいの男の子に出くわした。

Tシャツに半ズボン、サンダル姿で、長椅子を机代わりに一心不乱にクレヨンで何かを描いていた。

通りすがりにチラリと覗くと、アニメのキャラクター同士のバトルらしき光景だった。

小さな背中は無言のエネルギーを放ち、「芸術以前」の自分自身を突きつけられる思いがした。

一瞬横切った光景に子供のころがフラッシュバックした。思うままに内部メカを描き込んだ戦闘機や戦車、仮想怪獣同士を飽きることなく戦わせた遥か昔を思い出していた。この子との年齢差は孫とジジイくらいに違いない。

図工の授業で提出用の一枚の絵として「仕上げる」のではなく、訳のわからぬ擬音の雄叫びとともに最後は破壊され尽くしてハイッおしまい！　と無に至る絵、ただそれだけの普遍的な創造物もある。男の子の白く華奢な肩越しにそんなことを思った。

子供のころに絵と過ごした時間の、指先の感触と心の絶叫と血液逆流が混ざり合った興奮の記憶が確かにいまだ残っているのを感じた。描き終わると同時に消え去った紙宇宙が再び浮かび上がった。

当時、絵を描きたいという思いは、いつも心の中に「何気なく立ち上がる欲求」から始まった。その欲求には目的などなく、「ただ目の前の波に乗れ」と促されるような澄んだ快感があった。

心の中に小さな「糸のほつれ」が一瞬ポッと浮かび上がり、その感触が「描く」ことへの引き金となる。それは今でも同じだ。

試したことのない素材に出会うとき、ふと思い浮かんだ技法が前向きな気持ちと交差するとき、そんな感覚が唐突に湧く。

「思いつき」といってしまえば身も蓋もないが、突き詰めれば自分にはそんな他愛もない「糸のほつれ」感覚が次の絵を引き寄せるきっかけであることに変わりはない。そしてその糸は、作り続けないと「ほつれ」を生むことなく呆気なく切れてしまう。

年末に向けて三田の慶應義塾大学アート・センターのショーケース・プロジェクト用に作品を制作している。

決められたサイズのケースを展示空間として使用し、同時に印刷物を発行するという試みで、通常の展覧会とは異なる変則的な制作依頼だ。

展示用アクリルケースは四〇センチ四方、高さ一メートルほどで、その中に作品が収まれば何を作ってもいいし、実体のない「匂い」でも「光」でも「空気」でもいい。予算以外に規制はなく、大学構内の設置場所もこちらが指定できる。

約二カ月の展示期間中、小品一点のみを見に大学構内一角という特殊な展示場までどれくらいの人が足を運んでくれるのか不安な点も多いが、逆に遊び心も湧く。商店街で見かけた男の子と同じようにはいかないが、遊びから予想外の流れが生まれるような気もしている。

この数年「記憶」をテーマに郵便物や梱包材用の紙を貼り込む平面作品を作ってきた。

手法自体は「貼り絵／コラージュ」で基本的にはなんら新しいものではないが、何かが引っかかり、作業を繰り返した。一瞬生まれた「ほつれ」が興奮につながり、手を動かした結果、自分なりの発見につながった。

下見に訪れた大学構内で展示ケースを目にした瞬間、「記憶にまつわる立体物」を作ってみようと思っていた。

コンセプトのみで成り立つものではなく、たとえ完成形に至らずとも手作業による試行錯誤の痕跡を残してみたいと思った。

空っぽの展示ケース内を見ているうちに、なぜかレコード再生用のターンテーブルが浮かんだ。何らかの方法で「記憶と音」を結びつける作品ができないか？

展示サイズが決められているため作品自体は小さくなるが、予想外の重さを考慮し、鉄筋溶接による構造体を組む作業から始めた。

「記憶」と「不要物」の組み合わせに興味が湧き、宇和島に戻ってから近所の金属工作所を訪れた。工場内のドラム缶に捨てられた鉄の破片をもらい、指定サイズに納まる漠然とした形を組み上げてみた。

大まかな基本形は上下二つのパーツで、上部には鉄網が三段層状になった変型立方体を組み、下部は回転モーターに連動するターンテーブルを配置、ＬＰサイズに様々な画像をコラージュした「円形画像ディスク」を複数枚重ねて載せることに落ち着いた。

作品上部の鉄網層内部に「記憶」の断片として紙やテープ、古切手や糸、ビニール、ギター弦や針金、ポジフィルム、写真、布、キャンヴァス片、絵具チューブなど自分の記憶と結びつくモノを貼り込むことにした。

上部から垂れ下がる「何らかの形」が設定タイマーで定期的に回転する下部の画像ディスクを擦り、「音」を発する。その響きが、上部の層状立方体を四方から眺める鑑賞者の「記憶」とつながっていく……現在はそんな妄想イメージが漠然とある。

デジタル網が世界に広がるにつれ世の中の音への接し方は激変し、「レコード（記録）」に対する見方も大分変わった。

黒い塩化ビニール盤に刻まれていた「音」が見えないデータを収める様々な形態へと変化するにつれ、「レコード盤＝立体物」という意識が自分の中で強まっていった。二次元的な平らな盤として漠と認識していたレコード盤が、無数の音溝を刻み込む美しく原始性を保った繊細な立体物に見え始めた。

やがてA面とB面は重さや匂いを伴う黒い円盤の裏表でもあることに気がつき、心の糸に例の「ほつれ」が生じた。

試しに路上で拾った傷だらけのレコード盤をスクラップブックの「ページ」として貼った瞬間、A面とB面が音を発する一ページ目と二ページ目に変化した。自分にとってそれは発見だった。「音」に刻み込まれた時代の空気と時間がページに重なり、初めて「音」と「記憶」を同時に目の当たりにしたような思いがした。

聴覚や視覚を分けることなく音を見、画像を聴くということ、「時間の記憶」を聴き同時に視ることとはありえないか？

「記憶」の中の平面、立体そして音、それらが渾然一体となる何か、そんなイメージが頭の中にゆらゆらと動いている。

二〇一五年九月

AN ANVIL BY HIS BREASTS

船型と工場

連日酷暑の続くお盆前、春先から足踏み状態だった複数の計画がほぼ同時に再開した。年明け早々から始まった新作プロジェクトはその一つだ。

これまで経験したことのない大型サイズの作品になる予定で、異なる技術者の手をお借りしなければならないこともあり、段取りの決定までに数カ月が過ぎてしまった。

「船型」と「工場」、そのふたつがずっと心を占めている。

来春完成予定のプロジェクトは、全長一七メートル、幅四メートルほどの「木製船型」を切断することなく丸ごと宇和島から瀬戸内の豊島《てしま》まで運び、内陸部の旧針工場敷地内に置くことだ。

言葉にするとその行程はいたってシンプルだが、船型のサイズに合わせた移動方法や運搬に耐えうる補強作業に予想外の手間と時間を要している。

造船所での補強完了後、船型を運搬船に乗せ、海路で宇和島から豊島の港まで牽引し、そこから内陸部の工場跡まで専用の大型キャスターに載せ替えて陸路で運ぶ。

運搬時期に合わせて工場建屋の屋根を外し、真上から船型をクレーンで吊り入れたのち、再び屋根を再設置する、それが作業の大まかな流れになる。

　現在宇和島の造船所にある「木製船型」は二十六年前、強化プラスチック製の漁船を製造するために、当時の宇和島の職人連により製作された。

　ガラス繊維布に液状の強化プラスチックを染み込ませ、♀型となる船型の内側に塗り重ねたものが船体となるため、船型製作は要となる。

「船型」というとイメージが伝わりにくいが、大まかには海に浮かぶ船の下部分を木製に置き換えた形だ。船型はその内側で硬化した強化プラスチック（船体）を取り外すまでが役割のため、型自体に機能的な強度はない。

　当時数カ月かけ船型を完成させた直後、不運にも漁船の製造自体が中止となった。以後船を産み出す目的を一度も果たせぬまま、造船所に長らく放置される運命をたどり現在に至った。

　造船所を訪れるたび、その船型を目にしていたが、破棄されることのないまま、次第に不要物を入れる巨大なゴミ箱のような役割を担うようになっていった。

　不要物を無言で飲み込み続け、本来の船型の姿とは一変した目の前の巨大な木の器が、実は処女船型であったことを今回初めて知り、驚いた。同時にそこにはまだ船型がかすかに発する鼓動のようなものを感じた。

　今回プロジェクトの進行にともない様々な角度から何度も眺めるうち、これまで船型として認識していた巨大な立体物が社《やしろ》のように見え始めた。その形はどこかアフリカ大陸を想像させる大型立体物のようにも思えてきた。

　四半世紀の間、意味をまとうことなく海風に晒され続けた時間の中で、名づけようのない木製の曲線体としてただそこに在るもの。孤高形……そんな言葉が浮かんだ。

一方、船型運搬先の豊島の「旧針工場建屋」はもともとメリヤスを編む機械用針製造を目的として作られた場所だ。

昭和三十六年頃、豊島の中学校普請の寄付を仰ぐ目的で、関係者が大阪に針製造会社を営む豊島出身者を訪ねたことが一因となり、島内での針工場開業につながったという。

そこでは一時期四十六人の従業員を抱え、昭和三十九年から二十五年間ほど稼働した後、役割を終え、島に工場建屋だけが残された。

現在「目的」を宙に浮かべたままお互い無関係に在り続ける二つの形、それらを合体することで新たな磁場を生み出すこと、それがプロジェクトの主な試みだ。

「船型」と「旧針工場」、それぞれの背負う見えない記憶同士の出会いとも言え、不思議な縁を感じている。


並行して先行きの見えない別の展覧会準備も進行している。

展覧会に向けて作品の方向性が定まると同時に様々な「目的」が立ち上がる。いつもそのような段階を踏み、少しずつ全体像が浮かび上がってくる。

具体的な「目的」が生まれると、バランス感覚なのか、「無目的」が頭をもたげる。目の前の展覧会とはまったく無関係のことをやりたくなる。

最近タテ四メートルほどの作品制作を唐突に開始した。

十年ほど仕事場に放置したままの木製パネルが気になったことがきっかけだ。

それがこの先に関わるものなのか、単なる時間つぶしなのか、今はまったくわからない。「無目的」に創作とつながっていることはことのほか気持ちがいい。無目的かつ無意味、無責任であることは創作の本質とつながっている、手を動かしながらふとそう思う。「目的」のないままに創作が始まり、表面が常に未乾燥のまま流れていく時間の中に居続けること、そこに言葉にできない快感がともなうこと、それが日々の気分に大きな影響を及ぼしていることを実感する。

グループ展などであらかじめ与えられたテーマを指針として制作に関わることもあるが、作品自体が勝手に向かう「目的」といつも一致しない。

意図せず発生するそのズレ部分にテーマ以上の感触が残る。

描きたい、作りたいといった欲求や衝動が自ずとテーマと重なっていき、そこに無意識の快感が生じるとき、はじめて作品としての可能性が生まれる。

それが起きるか起きないかはいつもわからない。創作における「目的」は厄介なことが多い。

子供のころ自分が関わるものが「新品状態」であることがどうしても好きになれなかった。そこにワンポイント的な装飾、意図的な飾りがあると嫌悪感すら覚えた。

ビーチサンダルであれば足裏の跡がめり込み踵が磨り減った形にひどく憧れた。靴でも服でも使用済みのボロい佇まいに心を惹かれた。

ボロければなんでもいいというわけではなかったが、反射的にカッコいいと感じるボロには心がとろける思いがした。

小学校入学式ではピカピカのランドセルだけは勘弁してくれと思っていた。上級生の背負う革がテロテロで細かいヒビが走るペシャンコのランドセル姿で入学式に出たいと思っていた。無情にもピカピカを背負わされた帰路、忍び込んだ中学校の校舎壁に擦り付けてボロボロにした。そうすることで、やっとなにかに追いついたような達成感がこみ上げた。親にはエラく叱られたが、あの日の出来事は今でも強烈に覚えている。

生理的な好みといえばそれまでだが、そのときの感覚は、その後変化も発展もなく、ずっと自分の中に在り続けている。

生まれたての形の上に時間が通り過ぎ、そこに無目的な出来事の痕跡が重なっていく。ボロボロの姿に感じていたそんな思いを、現在は「超新品」の中に感じることがある。その一点のみが小学校入学式からこれまでの大きな変化なのかもしれない。

二〇一五年十月

試行錯誤の瓦礫

起き抜けに池の金魚を眺めていた。

今年の夏祭りの縁日ですくった小さな金魚が二十匹ほど加わり、自宅の池は今までで一番賑やかだ。バシャバシャと水面に広がる不定形の波紋は、トロッと溶いた絵具のマチエールにも見える。

近頃なぜか「試行錯誤の形」という言葉が繰り返し頭に浮かぶ。

明け方の布団の中で夢うつつに浮かんだフレーズだ。

「試行錯誤」とは硬めの響きだが、あれこれ考え求めるものを必死に捉えようとするようなニュアンスではない。対象を淡々と見つめつつも届きそうで届かないもどかしさ、そんな中に自ずと浮上する形、といった妄想的なイメージだ。

「確信」とはほど遠い「思いつき」が一瞬好奇心に重なることがある。

視界の片隅を一瞬何かが通り過ぎたかの感触、すぐに追いかけて正体の尻尾の先だけでも見たくなる気持ち……そんな思いで描いた結果、微かな一端が画面上に現れることがある。

その手応えはうまくいけば「確信」へと変化していくが、「確信」に至った瞬間にそれまでの流れは一変してしまう。捉えたと感じた瞬間、その形はなぜか途絶える。「確信」の少し手前でわからないまま続いていく時間、そこになにかがあるように感じる。ふと出会う感触を探るプロセスの中、確信の手前にしか浮上しない形……それらはいつもひっそりと頼りなげな佇まいをしている。

繰り返し眺めても飽きることのない風景と興奮がある。

それは制作中に気づかなかった発見を導き、次の絵の手がかりとなる。

池の水面を揺らす金魚の「赤」への反応なのか、「試行錯誤の形」に「黄」がうっすらと重なった。その黄は十代の頃に札幌の美術館で偶然見た一枚の小さな油彩画のものだった。北海道立美術館三岸好太郎記念室（当時）に常設展示されていた三岸好太郎二十歳の小品「黄八丈の男」と題された絵で、暗色の背景の庭に籐椅子が置かれ、黄八丈の着物に黒の角帯、白足袋姿の男が足を組んで座し、その足元に黒犬がいた。

画面中央の白顔男がこちらに向ける視線は冷ややかに強い。

初見の際、描かれた男が写真の中に見た着物姿の高杉晋作と重なった。

根拠のない幕末イメージを通した視点がその絵により神秘的な印象を呼び込んだのかもしれない。男色美、虫の音、湿度、気配、闇、洋行、植物、涅槃、微風、無音……と様々な単語が連なった。

和製洋画特有の油っ気と和箪笥奥の匂いが絡まり、黄色い永遠が画面の至近距離にゆらゆら浮かんでいるような奇妙な絵だった。

その絵は今も「確信」に至らない自分自身の日常につながっている。

様々な「試行錯誤の形」への連鎖反応、それが自分自身の創作の動機なのかもしれない。

今年十一月末、朝鮮半島南西部に位置する人口約百四十七万人の韓国・光州広域市に「国立アジア文化殿堂」がオープンする。

そのセンター内エントランスホールへ作品設置を依頼され、まだ日差しの強い夏の終盤、作業のため十日間ほど光州に滞在した。

ＡＣＣ（アジアン・カルチャー・センター）とも称されるその施設は二〇〇四年から光州広域市と韓国政府が連携し進めてきた大規模な国家プロジェクトだ。

現地の観光案内をみると「『光の森』というタイトルの設計を土台として、多目的複合公演会場、アジア文化館、文化交流センター、アートフレックス、子供知識センターなどが入る予定」とある。作業合間に建設中の様子を眺め、個人的には「巨大文化アーカイブの基地」といった印象を受けた。

おそらくここを光州のシンボルとして、アジア文化のハブ化を目指すのだろう。

設置を依頼された作品は三年前ドイツのカッセルで開催された五年に一度の現代美術展「ドクメンタ(13)」のために広大な森の中で制作し三カ月間屋外展示したものだ。展覧会終了後、解体して日本に運び、丸亀市猪熊弦一郎現代美術館で再展示した。今回のＡＣＣ屋内ホールは三度目、約半年間の展示となる。

作品自体は大まかに家とキャンピングカーによる二分割構造で、内外の電気配線等組み立てが複雑なため、設営経験のある七名の日本チームに協力をお願いした。

作業は到着と同時にスタートした。

完成間近の施設現場にはまだ慌ただしく工事車両が行き交っていた。劇場や図書館など様々な建築物が広場を取り囲むように併設される敷地面積は予想以上の広さだった。

この地は一九九五年から二年ごとに開催される「光州ビエンナーレ」でアジアにおける「現代美術の地」としてすでに認知されているが、十年越しのＡＣＣの完成で、文化全般の発信力がより加速するのだろう。

光州広域市へは五年前、光州ビエンナーレへの参加で二度訪れたことがある。以前は展示会場から車で二十分ほどの街に滞在したが、今回は以前より南の中心地区が拠点だったこともあり、光州に対する印象は一変した。大学が集中していることもあり、レストランやブティックが立ち並ぶ繁華街は連日若者達の活気で休日のように賑わっていた。

作業や食事の道すがら街中を観察した。

日本の街中同様に、欧米に見られる石造り建造物の歴史的重厚感はあまり感じられない。オフィス街もあるが庶民生活に根ざした環境が目についた。新旧道沿いに立ち並ぶ街灯や公共彫刻、照明や看板などの装飾物、建築材、配電盤や配線の処理感覚やデザインに興味をもった。

一見無神経かつ雑で強引な仕上げ処理の作り出す光景は、欧米を意識しすぎる繊細な日本感覚と比べると、光州の「雑の美」の方により奇妙な「未来世界」を感じた。

「安い！　早い！」が第一の様々な作業処理は時に予期せぬチープ美の世界を生み出す。

日本国内においていわゆる「昭和っぽい」光景に魅力を感じることは多々あるが、韓国光州も同様

콘티넨탈

に、時代をさかのぼる手仕事の多い質感に反射的に目を引きつけられた。

そこには手による作業量やかけられた時間といった共通項があるが、同時に当時関わったそれぞれの人々の中の「試行錯誤の形」も強く関係しているように思えた。

韓国からの帰国当日、四国地方は前線停滞の影響から豪雨に見舞われていた。

翌日宇和島で作業途中の造船所近くで土砂崩れが発生したとの一報が入った。幸い造船所の人々は無事避難、現在そこで制作中の船型作品も直接的な被害はまぬがれた。しかし造船所内や周辺に瓦礫や土砂が流れ込み、予定していた作業はすべてストップ。瓦礫撤去待ちの状態が続いている。

海辺の暗闇に横たわる全長一七メートルの「船型」が頭をよぎる。

造船所内に散乱する瓦礫はおそらく「船型」が思い描く「試行錯誤の形」なのだろう。

二〇一五年十一月

星港版《シンガポール・エディション》

この夏、日本全国雨の降り方が尋常じゃなかった。

地球の気候は明らかに変化している。

原発事故以降は長雨にじわじわと不穏な気持ちが忍び寄る。空から降る美しい水滴を疑う時代に突入した。

初夏のシンガポールで熱帯雨林気候を体感しながら日本の雨降りの多種多様さを思ったが、帰国後の豪雨には危うい空気を感じた。

夏の終わり、西日本では前線の長期停滞で四国地方に活発な雨雲がかかり、宇和島に滝のような雨が降り続いた。

そんな折、新作の作業場として使用していた造船所の近くで山崩れが起き、土砂と瓦礫が流れ込んだ。この夏から断続的に進めてきた作品制作は中断し、瓦礫の撤去作業が始まった。

造船所入口の舗装道路は崩れ落ち、敷地内には丸い泥まみれの大きな岩がゴロゴロ転がっていた。

作業場内部の様子をチェックするため、土砂の力でまくれ上がったシャッターの隙間から建屋に入った。

薄暗い光の中、海ぎわへのびる土砂でぬかるむ床に雨水がせせらぎのようにチロチロと静かに流れていた。

この地へ来て三十年あまり、これまで土石流やら床上浸水といった出来事とは無縁できたが、当たり前の日常の中に出し抜けに災害が切り込んできた。

大まかな撤去作業で動線を確保して大型発電機を運び込み、ひと月遅れで制作が再スタートした。朽ち果てるまでそこにあり続けると思っていた造船所光景の激変ぶりに、宇和島のこの場所での作品作りもこれが最後になったのだと思った。


進行がズレ込んだままの宇和島を後に、中断していた版画制作を仕上げるため、再びシンガポールの版画工房を訪れた。

制作期間は二期に分けた計五週間。来年後半には、今回制作した作品の展覧会を現地で行う。個展を前提に、異国の施設で初めて組む若いスタッフ達と試行錯誤を繰り返しつつ一発勝負で作品を完成していく工程は、これまで経験がなく、すごくリスキーな試みだ。日々の限られた作業時間内で確実に作品をものにしていかないと展覧会には至らないといった初心の緊張感が蘇る。

シンガポールはあいかわらず蒸し暑い毎日だ。このところ移動が多く、めまぐるしく入れ替わる季節に身体が困惑気味だ。

シンガポールでは夏前から靄がかかった曇天が続いている。靄の正体は野焼きによる「ヘイズ（煙害）」だ。

隣国のインドネシアで季節ごとに行われる違法な畑焼きやそれに伴う山林火災で発生する大量の煙がシンガポール上空まで流れ込み、大気汚染を引き起こしている。

一回目の滞在時と比べ曇天の日は明らかに日中の人出が少ないのは、このヘイズ問題が原因と聞き、その深刻さに驚いた。

制作施設脇のシンガポール川沿いを行き交う親子連れやジョガーは一様に大きなマスクで顔を覆っている。かつて観た近未来映画『ブレードランナー』がふと浮かび、炎天下のその現実光景は仮想の続編ドキュメンタリー映像を思わせた。

今回は二週間の滞在、最終段階の詰め作業を行っている。制作はほぼ終了し、出品作の絞り込み、サイン入れ、額装の打合せなどだ。

スタッフの献身的なサポートで、作品に関してはやりきった手ごたえがあり、後悔はない。できることなら、もうしばらくこの特殊な環境で制作三昧といきたいが、そろそろ打ち止めだ。

作品はシルクスクリーン、リトグラフ、銅版画、そして「パルプ絵画」と、基本的に四種類の技法を使って同時進行で制作している。この施設では「版画」のとらえ方に幅があり、版画技術と手作業によるオリジナル作品が主体だ。

異なる技法の組み合わせも可能なため、連鎖反応的なアイデアも浮かび、ピリオドを打つタイミングが難しい。

「版画」といえば「版」と「エディション」という言葉がつきものだ。

「エディション」は分野によって意味が様々だが、書籍の「初版」を「ファースト・エディション」と表現するように、版画の場合は「刷り枚数」を表す数字と考えるとわかりやすい。

銅版画は銅板を、また「石版画」のことを指すリトグラフはかつて平板に研いだ専用の石を「版」として使用した。リトグラフに関しては、専用の石や特殊設備の不足から、近年は手軽なアルミ版やＰＳ版を使うことが多い。

「〜版画」と称される技法全般に共通する事柄に「版の摩耗」がある。

特に銅版画は、刷り枚数が多いほど繰り返されるプレス機からの圧力で「版」が微妙に劣化していくため、高いクオリティーの版画を数多く刷るのは難しい。そのため、微妙な「版」の状態に合わせ「摩耗」の影響のない範囲での刷り部数を定める。

「版画」は印刷後、「版」から刷った総枚数を分母に、何枚目の印刷に当るのかの数字を分子として、一枚ずつにそれを画面外に書き込むことが常だ（厳密には総枚数に作家用校正刷などが加わる）。

「版画」と「印刷」の捉え方にもよるが、十四世紀頃のヨーロッパで木版画を起源として始まったとされる版画技術は、その後段階的に進歩し続けて、二十世紀初頭、大量生産可能なオフセット印刷に行き着いた。

現在はデジタルデータによる出力印刷が主流となり、印刷工程や「エディション」に対する考え方も根底から変化しつつある。

江戸時代の「浮世絵」のように、「版画」は贔屓役者のブロマイドや風景画ポスターなどとして安価で楽しめる、ごく庶民的なアートだった。

今も昔も変わらないのは、一点ものの「肉筆画」と複数枚が刷られる「版画」との間の、「数量」と「価格」のバランス関係だろう。

かつては「版」が劣化することなく無数に高画質コピー画像を作り出すことは不可能だったが、技術の進歩で「データ」を「版」とみなして出力印刷する「デジタル版画」といったジャンルも登場した。

パソコン内のデータは果たして「版」と成りうるのか？　「デジタル版画」の特徴である絵のサイズの可変性をどう考えるのか？　なにかと曖昧で未解決な点は多いが、その大きな可能性は疑いようがない。

「版画」において高画質の作品を大量に安く供給できるようになったことは大きな進歩だが、「デジタル」と「アート」との関係性はまだまだ発展途上だ。

いっそ「高画質デジタル版画」がタダ同然になる時代はどうだろう？　おそらく「アート業界」はタダには見向きもしないだろう。

しかし「アート」においてはタダを逆手に新たな可能性も生まれるに違いない。

現在、デジタル初期において、今も君臨し続ける「紙幣」というメガエディションによる「超絶版画」、それはこの先どのような姿になっていくのだろう？

二〇一五年十二月

船型の気分

四国地方にまだ雪の舞うころ、「船型」を使った作品制作がスタートした。全長一七メートル、幅四メートルほどの木製の船型だ。

現在も未完のその新作は宇和島にて工程終了後、最終設置場所である香川県の豊島に運び、作業を続ける。

秋口に宇和島周辺で発生した集中豪雨の影響が尾を引き、運び出しの日程が大幅に狂った。作業工程を終えた「船型」を宇和島の造船所に放置したまま、ひたすら待つ日々が続いた。

満天の星と月が煌々と輝く真冬の海上を夜空に船底を向けたままの「船」が滑るように進んでいく、空気は冷たく澄み渡るインディゴブルーの情景……そんなイメージが、時折浮かんでは消えた。

その危うい情景を言葉で追うにつれ、イメージがどんどん遠のいてしまうもどかしさも同時に感じた。そのもどかしさは夢を思い起こそうとしているときに似ていると思った。

二十代から断続的に夢日記を記す習慣がある。行き着いた夢の記述法は、見た直後の「残像スケッチ」だった。

夢の内容を言葉に置き換えようとした途端に忘れてしまうため、とりあえず頭に残る「断片残像」を絵に描きつけること。それは数本の線だったり、自分だけのための非常にラフな線画だ。

夢で見た足元の石ころを描いた歪《いびつ》な円ひとつでも残像に近ければ、そこを起点に記憶が前後に繋がっていくことに気づいた。

夢は「心情による視覚」が織りなす情景のためか、理屈で追うと途端に見失う。夢の中では「矛盾」や「不条理」が鍵を握る。それらを前提として生みだされる「説得力」を言語で表現することは非常に難しい。

夢の中でなくても、「得体の知れない気分のようなもの」、そんな言葉に置き換えられない情調が絵のイメージだけをこちらに投げかけてくることがある。

「船型」出航待ちの中、雑誌の余白部分を切り取り、大型ポスター大の台紙に貼り付ける作業が始まった。

以前パレット代わりに使用したグレーの梱包用厚紙を偶然手にしたことがきっかけだった。その表面には白い油絵具を薄く溶いた痕跡がうっすらと染みついていた。それを見た瞬間「気分」が起きた。「薄染み模様の紙に直線的な白い紙片が無規則に並ぶ」そんな絵が頭に浮かんだ。紙片は「辞書用の薄紙」でなくてはいけない。それが感触とピタッとバランスをとった。

紙片を意識的に並べるのではなく厚紙の上からパラパラ落としその位置に貼っていく、意図は無用、そんな絵を作り始めた。

昔から本のページ端の余白部分に目が引き寄せられる。それを切り取ってただ貼りたい、時々そんな欲求が頭をもたげる。「作品」を作ろうといった目的意識は希薄だ。「作品」衝動とは無関係に「ページ余白エリア」が自分自身の「気分」となんらかの関係があることは確かだ。

一口に「本」といっても形態は様々だ。

単行本よりは圧倒的に雑誌やカタログ、教科書や図鑑といった体裁の書籍に惹かれるが、古いモノにより強い興味が湧く。

「余白」だけのスケッチブックではなく、印刷された「本」であることが前提だ。世界中に分散する「本」は余白部分の面積も様々、無限の余白様相を成す。

紙質、手触り、色味、インクや紙の作り出す全体の匂い、そして「余白」とのバランス、それらを総合した佇まいがページを開いたときの「気分」と交差したときに絵が浮かび、グッと「貼欲」が込み上げる。

船型出航日が決まり、「紙片シリーズ」を中断して造船所の下準備に向かった。

手前の国道から沖合に運搬用らしき大きなクレーン船が見えた。

緑色の平たいボックス型船体の中央には赤い巨大クレーンがドンと座すように配置されている。その佇まいにはこれまで様々な海の道理や理不尽をくぐり抜けてきた無言の説得力が漂っていた。土壇場で心強い味方がノソッと現れたような気がした。

クレーン船と船型が海を挟んで数百メートルの距離で対峙している、その光景にこれまでの出来事が頭をよぎった。

船型は白い半透明の巨大な住居用シートに包まれていた。

ビニール製のシートは吹きつける潮風を受け、沖のクレーン船に向けて時折バサバサ乾いたノイズ音を発している。巨大昆虫の蛹のようだと思った。ここで三十年近くこの船型を目にしてきて初めての思いだった。シート断続音は、「船」に化身した生き物同士が交わす「風暗号」の会話に聴こえた。

船型を台に載せたまま海際まで下ろし、クレーンで吊って積み込む、ここでの作業は最終段階にきた。

クレーン船への吊り込み前夜から宇和島は豪雨、明け方から強風が吹き始めた。風は一向に収まらず作業は再び中断、時間切れのため、作業はすべて関係者に託すことになった。造船所からの出航を目撃することは叶わなかった。

豊島では船型を港から内陸部の設置場所「旧針工場」まで運ぶ行程が残っている。台車に載せ島民とともに人力で運び、クレーンで吊って工場中央に入れる大仕事だ。

作業を翌日に控え、前夜、近港の高松港に入った。宇和島から三日をかけ「船型」はすでに目的地に着いていた。

翌朝天候は再び雨交じりの強風、時化る海の中なんとか豊島に行き着くことができた。

到着間際、港に上陸したてのシートに包まれた船型が見えた。

海に細長くのびる鈍色の岸壁は船型のための展示台のようでもあり、すでに存在感を放っていた。

作業の安全祈願を兼ねた神事の直前に雨が止み、遠くに陽も差し始めた。

予想以上の数の島民の方々に運び込み作業に加わっていただき、設置作業を予定通り無事終えることができた。完成までまだ大分作業があるが、いちばんの難所を通過できて気持ちが軽くなった。

港から旧針工場までの行程時間は約一時間。その途中、島内の小学校、中学校の先生や生徒も牽引作業を手伝ってくれた。

「展覧会」では感じることのない、言葉にできない感情が湧いてきた。

それは普段関わりの強い「現代美術界」を丸ごと包んでしまう自然な感覚だった。新聞の折込み広告の裏にお気に入りのマンガキャラを描き写していた幼稚園のころ、見よう見まねで油絵を描き始めた中学生のころの初心が雲間からポッと顔を出したように感じた。

最終吊り込み作業直前の路上で、「船型」を背に豊島の幼稚園児二十名と記念撮影となった。黄色い帽子、濃紺上下の制服に白のハイソックスといった身なりが泣けるほど眩しい。園児達は満面の笑みを浮かべ、取り囲むカメラマンにピースサインを突き出した。

この子達が大人になり、たとえ豊島を遠く離れる身になっても、今日のどこかの一瞬は映像として残るかもしれない。

「子供のころ仲間と一緒に島の道路で大きな船を引っ張った」記憶……この先の日常でふとそんな「船型の気分」が浮き上がるかもしれない。それだけで十分だろうと思った。

二〇一六年二月

現代と絵

春先から断続的に海外でのグループ展が続く。それぞれ作品のサイズや種類、制作時期がバラバラなため、年明けから仕事場で発掘作業のような準備が続いている。

グループ展への参加は個展と比べ展示点数も限られ、比較的楽なイメージがあるが、そうとは限らない。

与えられた全体テーマに沿う新作が参加条件の際は、個展以上に時間や労力を要することがある。自分にはまったく無関係に思える展覧会タイトルの単語に勝手に気持ちが同調し、心の中にあったものが勝手に動き出すことがある。

そう感じるときは極力前向きに考えるが、そんな流れからの参加には覚悟が必要だ。

新作依頼が前提の場合は制作予算を与えられるが、潤沢であることはまずない。作品が完成に近づくにつれ新たな枝葉が生まれ、作業がエスカレートしていく過程は理想的な展開には違いないが、同時に予算オーバーエリアに踏み込んだことも意味する。そこから先は行ける所まで行くしかなく、金銭的事柄に引っ張られることなくモチベーションを保たなくてはならない。

たとえ金銭的にマイナスになっても満足のいく作品を生み出すことが目的とはいえ、「制作とコスト」の関係は経験だけで解決できる事柄でもなく、いつも手強い。

既存作品によるグループ展への出品依頼の大半は急に訪れることが多い。

制作する必要がなく引っ張り出して揃えればいいと簡単に考えがちだが、これが結構難儀だ。

進行形の制作時間にいきなり過去が容赦なく割り込み、流れが分断される。展示に伴う作品チェックや画像データ準備、搬出作業に変わりはなく、依頼が急であればあるほどリズムが狂う。

強制的な「発掘作業」にはいいこともある。

継続して一枚の絵を描いていると必然的に形や色、線などのディテールを覚えてしまう。

いつの間にかうまくやってやろうといった気持ちが芽生え、攻めの姿勢が失速し始める。「部分的に残そう」といった軟弱な思いが一瞬でも浮かんだとき、その時点でその絵はほぼ終わる。

ディテールを記憶に止めることなく、画面上の痕跡に対して平等に淡々と作業を進めること、それが結果的に絵に強度を生む。そんな思いがある。

既存の作品の発掘によって、記憶からとんでいた自作細部とのふいな出会いが新たな展開につながることもある。

数年前から海外でのグループ展への参加依頼が増えた。

いつまで続くかわからないが、それ以前、二十年間以上海外のグループ展に招かれる機会がなかった。

これまで訪れたことのない国や様々な世代の作家や作品に接する機会は自分にとって刺激の極みだ。

国内では感知し得ない世界の空気の中に放り込まれるようで、創作の道のりはエンドレスであることを改めて思い知らされる。

自分が関わるのは一般的には馴染みの薄い「現代美術」と括られる分野でのグループ展で、出品作家の多くは自分よりだいぶ下の世代だ。

三十過ぎから四国の山奥で地中のセミの幼虫のごとく潜伏制作を続けた結果だが、時間を超越したところで世界のアートは日々刻々と動き続けている。

海外のグループ展会場で目にする作品や出会う作家の知識はないに等しい。自分自身の美術に関する情報は大方二十代前期で途切れている。制作拠点は情報発信地からは隔離され、普段からアート界に積極的に関わることもない日常のせいか、グループ展では良かれ悪しかれ「アートと情報」の関係を考えさせられる。

「知ろうとしないこと」に可能性は感じないが、「知らないこと」の効用は結構大きいのかもしれない。

世間の「情報通」がバカにして見向きもしない領域、あまりに普通で誰も見ようともしないエリア、「アートテイスト」とは対極にあるダサく退屈な日常風景。世界の「現代美術」の重要なテーマはそんな超至近距離にブラ下がっているようにも感じる。当たり前のものを感知するには極力手ぶらがいい。

世界では才能のある若手作家が日々作品を発表していることに興奮する。それは音楽の世界も一緒だ。世界のどこかで日々ゴミのようなバンドが生まれる事実は自分にとって創作の大きな力だ。

知る由もないどこかの国の無名の若手による創造物を通してふと足元を見つめると、自分など砂粒にも満たない存在であることを呆気なく突きつけられる。その瞬間は爽快だ。

長期に渡る潜伏期間からの重圧は確かにヘコむが、そこを抜けると圧が時に功を奏し、後々の創作に思わぬ効果を生むこともある。

現代美術のグループ展会場をまわり感じるのは「美術と絵との距離」だ。

単純な「絵画」に出会う機会はかなり少ない。一般的な美術ファンが現代美術を敬遠しがちなポイントだろう。

映像による作品はいまだ多く、壁面に掛かる矩形画面の作品でも「筆で描かれた絵」は稀だ。自分自身「絵」から始まった美術との関わりが強いせいか、「普通の絵画」に出会うとそれだけで心が緩む。しかしそんな美術状況にネガティブな思いはない。様式にかかわらず作品に反応する自分がいるからだろう。

六〇年代以降、アートは手技による表現から考察の提示へと移行し始め、急速に「現代美術」という単語自体がボヤけ始めた。複雑化を増す「現代」をそれまでの「美術」が背負いきれなくなっていった。

会場では、「現代美術」展ではなく「現代哲学」展と括った方が作品と素直に向かい合える。個人が世界をどう見てどのように解釈したか、総合的な考えを自分の納得のいく素材や手法で具現化すること。それを仮に「現代美術」としている、と考えた方が身近にとらえやすい。

その昔「絵画」の中に「哲学」は当たり前に同居していた。現在は「絵画」以外にも世の中をより的確に置き換えられる選択肢が多々ある。そこに未知なる興奮を覚えることも事実だ。

小学校で漫画家に憧れていたころ、中学校でレンブラント展を見て油絵に興味を持ち、買ってもら

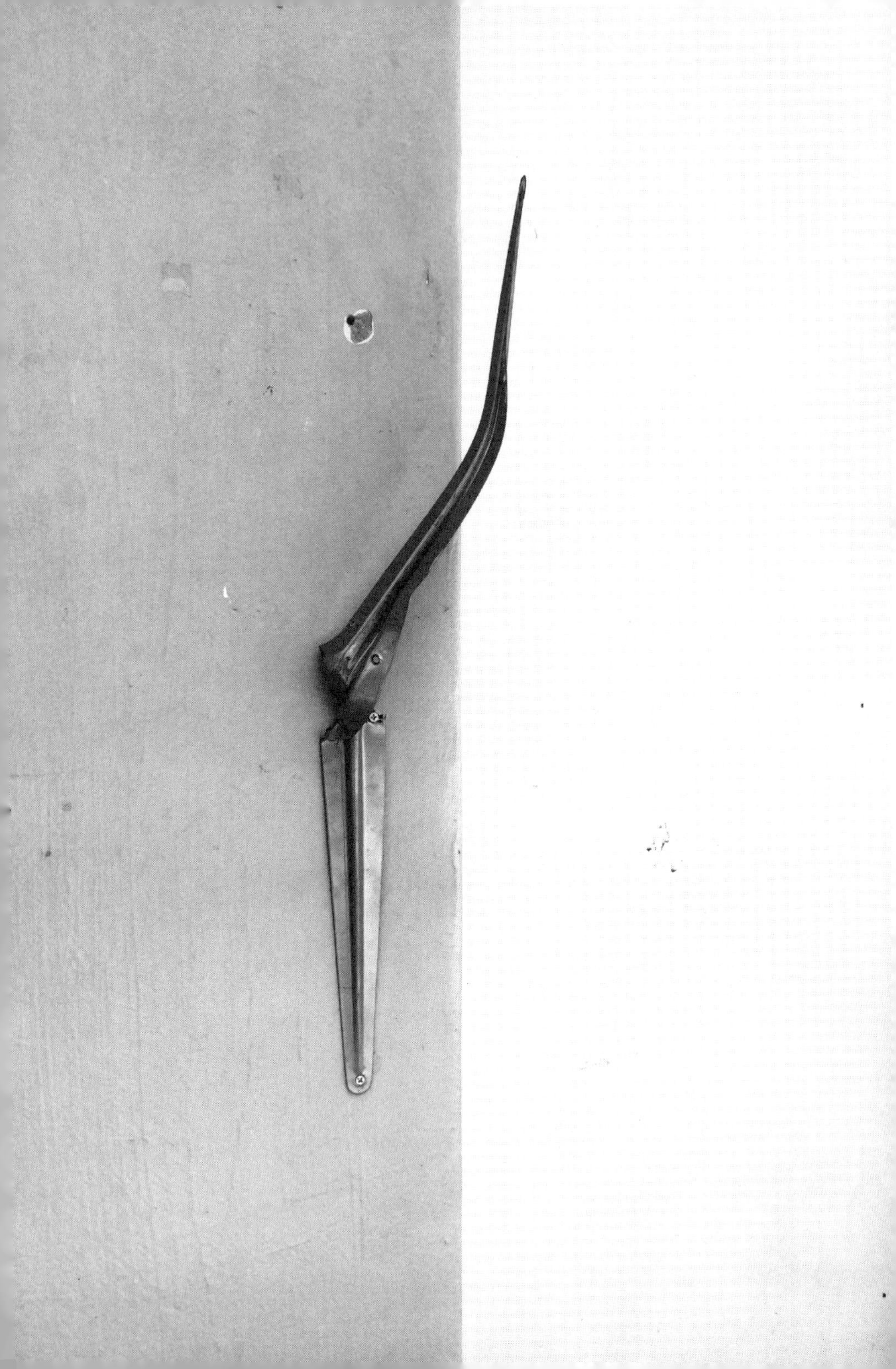

った安物の油絵セットで遊んでいた時期、高校生になり八歳年上の兄がバイト先のテレビ局から借りてきた洋書の画集で初めて進行形の「現代美術」の存在を知った経験。出来事は様々だが個人的な共通事項は常に「絵」を基本としていた。アートに対する自分の関わり方がどんなに変化しようと、その興味の核は常に「絵を描くこと」だった。

そんな自分が目の前の「絵画」以外の作品に興奮するのはなぜだろう？「絵」とはとても似つかない様相の「作品」に心を鷲づかみにされるのは、そこに自分の中に在り続ける「絵」を見ているからなのだろう。「どこが美術？」と問われても、自分自身の創造の基準は十代のころ絵がうまく描けた一瞬の興奮と快感であることに変わりがない。

二〇一六年三月

カラッポの仕事場

丸二日間を要した作品搬出を終えた。

宇和島に運送トラックが到着する直前にチラチラと舞い始めた雪は、作業中降り続け、積み終えると同時にピタリと止んだ。

寒風吹き荒《すさ》む中、春の個展とグループ展用の作品百点あまりを載せたトラックは、東京に向け無事出発した。

「腐れ縁」といったら作品には申し訳ないが、作り続け、展示のメドも立たないままに仕事場に溜まっていくだけの作品との関係には無言の重さもにじり寄る。

搬出直後はそんな時間の流れに一旦ピリオドを打ち、作品との関わり方も一変したようで、束の間の安堵感に包まれる。

人が去り、あと片付けのため、久々にカラッポの仕事場に戻った。

今までそこに浮かんでいた作品の透明な表皮のようなものが一掃されたようで、豪雨直後に似た澄んだ空気を感じた。同時に久しぶりに目にする床面全体の広がる空間にはすでにまっさらな振り出し

も横たわっていた。

搬出直後にふと感じるカラッポな印象には、おそらく「見えない世界」との深い結びつきもあるに違いない。

創作には依頼や締め切りはない。作りたいという抑えがたい気持ちから作る。これは以前からずっとかわらない。

次の朝が来て昨日と同じように作りたいという気持ちが心の中に当たり前に在るかどうか。言葉にすると素っ気ないが、そんな日々の繰り返しが作品につながっていく。

その気持ちが途切れずにいること、そして今も周りに多くの理解者がい続けてくれることは自分にとって大きな幸運だ。

ひとつのテーマに沿って作品を作り続けていると必ず「飽和地点」が訪れる。

蜜月や旬の儚《はかな》さとでもいうのか、作業が繰り返され飽和状態に踏み込むと、新鮮味が摩耗し始めたような心境に陥る。これは避けることはできない。

当初の好奇心や興奮が薄れ、単なる作業の繰り返しから退屈感が忍び寄る。そう感じるときは作業を止め、作品と距離を置くが、その先の展開について考えることはない。

あくまでも手を動かしつつ事を進めていく中で、ふと新たな好奇心が湧くかどうか。その流れからしか元の轍《わだち》には戻れない。

例えば「平面的」な絵をテーマに制作を続けた結果、飽和状態に至ったとしても、無意識に「一部分だけ一センチほど出っぱっていたらどうなるのだろう？」といった小さな興味が湧くときは、自ずとその先の展開が待っている。

手と直結する表現においては、論理的熟考からではなく無邪気な好奇心から生じる画面上の「痕跡」が未知なる展開を生むことが圧倒的に多い。

どんな絵の画面にも作者の意図を超えた様々な「出来事」が起きている。「出来事」とは「予期せぬ痕跡」のようなものだ。意図してないにもかかわらず表面に現れた「事故」のような跡。

しかし作品と過ごす時間が長いほど、「意味」にとらわれた先入観からか、肝心な痕跡に気づかない。

それを感知し「分からないこと」に好奇心が動くと、そこから初めて真っ当な思考がスタートする。画面に起きている事実を注意深く探ること、自分との距離を客観的に把握すること、新たな展開はいつもそんな風に訪れる。

作品搬出から四日後、シンガポールから予定していた重量二七五キロの荷が二カ月遅れで届いた。一メートル四方厚さ五〇センチほどのゴツい美術品運搬用木箱で、中身は昨年現地の版画工房で夏と秋の二度長期滞在して制作したシルクスクリーン作品シートの束だ。

シルクスクリーン印刷は「版」の制作プロセスに時間を要することもあり、滞在中は作業指定まで終え、帰国後に刷り上がりを待つことは当初から計画していた。

昨年秋口から刷り完了まで約半年を要したことになり、今更ながら工房スタッフに深い感謝の念が湧く。

木箱を開けて取り出した四つの段ボール箱を解梱《かいこん》する瞬間は、他国で凍結されていたイメージが一気に解凍していくような興奮を覚えた。

それらが刷り面をあらわにして並ぶと、仕事場にシルクスクリーン用の独特なインク臭がムッと散った。今日も吹いているであろう熱帯雨林の暑苦しい風が工房の匂いを運んできたようにも感じた。興奮状態のまま手早く数えると約一〇〇×八〇センチのシートがおおよそ四百点入っていた。持ち上げる紙束は予想以上にズシリと重い。

工房への指定は通常行われる紙の片面ではなく表裏両面刷りだったため、船便運搬中の圧着から支障のない程度にくっつき合い、シートを持ち上げるたびにバリバリと音を立てた。その乾いた音は両面約八百点分のイメージ同士の到着直後の会話のようにも思えた。

昨年は実験的な無理難題を置いたままの帰国となり、最終的なイメージに確信のない日々が続いたが、大半は予想以上の結果だった。それらすべてが作品として成り立つわけではないが、約百点分／二百イメージには可能性を持てた。

今から三カ月以内に国内でそれらをまとめる「なんらかの形」を考え、最終形に落とし込む。厳選するシルクスクリーンシートを「なんらかの形」に納めて再び現地に送り、現地で待つ完成済みの作品群とともに今年秋の展覧会を構成する。

シート表面に幾重にも刷り重ねられたインクはかなり厚く、表面を撫でると刷り版ごとの凹凸の違いが指先に伝わる。それは現地スタッフの信頼の気持ちそのものに違いない。

ここから最終段階へ彼らの思いをキチンとつなげなくてはならない。「わかっているよね？　キミ……」カラッポの木箱はそんな空気を投げかける。

これだけの点数の自作シルクスクリーンを一度に見るのは今回初めての経験だ。

シートをめくり続け、目の前を横切るイメージの数々に連動して姿を成さないままの「なんらかの形」が頭に浮かんでは消える。できるだけコンパクトに簡潔にまとめたいがしばらくは試行錯誤が続く。

来週からは瀬戸内海の豊島で制作中の「船型」作品の作業が再開する。完成予定は三週間後だ。

いくつかの異なるプロジェクトに同時進行で関わることは特別なことではない。ときどきそれら異種内容の偶然の組み合わせに作品同士だけの「縁」を感じる。

現在動いているのは「最新作」「スクラップブック」「写真」「シルクスクリーン」「工場跡」「船型」そして「豊島」だ。

それらと自分の間には、今いくら考えても決して分かり得ない関係があるのだろう。日常の中で同時進行で起きる人と人との出会いにも分からないことは多い。

作品でも人でも、理由の分かり得ない出会いがぼんやりと形を成すには予想以上の時間がかかる。

二〇一六年四月

島の廃棄物神《ゴミガミ》

気まぐれな寒気のぶり返しで桜前線も定まらぬ青天のもと、三度目の瀬戸内国際芸術祭が始まった。芸術祭全体のメインテーマは「海の復権」。

三年前の女木島に引き続き、今回は豊島での参加となった。昭和三十九年から四半世紀にわたり、その地でセーターや靴下、肌着等をメリヤス機で編む針を製造していた「針工場《はりこうば》跡地」が展示場所だ。そこからプランが開始し一年以上が過ぎた。

自分自身の制作拠点である宇和島の造船所から全長一七メートルの「船型」を切断することなく豊島に運び、島内の「旧針工場敷地内」中央に置く、それが作品全体の核を成す。タイトルは長年島民の通称であった「針工場」とした。

敷地内への船型設置までを昨年末に終えていたが、残る最終仕上げのため再度、開幕直前の豊島に滞在した。

この数年の大掛かりな作品には開始時点で詳細な完成図がない。その主な理由は大半の素材を現地で拾い集めるからで、最終的に作品がうまくいくかどうかは呼ばれた先の路上の神様に祈るしかない。

カギは「出会い」に尽きる。

その地でどのような人物と出会いどんな素材にたどり着くのか？　材質、色や形、扱いやすさ等、好みをいえばキリがないが欲を出すと廃棄物《ゴミ》はスイッと逃げる。

アートとは無関係にいい廃棄物を手に入れるには「廃棄筋《ゴミスジ》のいい人」との出会いが必須だ。特有の廃棄物勘《ゴミカン》でこちらの「こんな感じ」を一瞬で共有してくれる人物との出会い。それ次第で作品が決まるといっても過言ではない。

「ジャンク・アート」といったコジャレた単語が飛び出す輩の廃棄物勘はほぼ絶望的だ。廃棄物はコンセプトを嫌う。筋のいい人は巷にひっそり無欲に隠れている。これは世界共通だ。

新作「針工場」は、工場敷地周辺全体を作品としているが、敷地内に「細長い木製船型」が置いてあるだけのシンプルな作りだ。

呆気ない外観に釣り合うための何かしらバランス的な解決法は公道から敷地内に至るアプローチにしかない。対策として様々な素材（廃材）を早くから準備していたが、結果的に外観の強度不足からキャンセル、最終作業のための素材は白紙となった。

最終コーナーに差しかかると予想外の負けが込むのはいつもの流れ、土俵際に廃棄物神《ゴミガミ》は降りるのか？　そこにかかってくる。

昨年正月明けの初来島から「針工場」手前に位置する廃墟のような「鉄工所」がずっと気になっていた。作業とは無関係に一度中を覗いてみたいとかねがね思っていた。

土俵際の夕刻、それまでの気持ちにカチッとスイッチが入った。

長きにわたりお世話になっている作業担当の方に話すと、筋が筋を呼びトントン拍子で元鉄工所の御主人に話をつけてくれた。手前勝手な思いつきから心ある決定まで小一時間、現地の人々の信頼関係なくしてはあり得ない奇跡のような展開だった。

初めて自分の中で完成図がおぼろげに形を帯び始めた。「鉄工所跡」に直行し、御宝場を歩き回った。子供のころ住んでいた大田区のプラスチック工場の廃棄場《ゴミバ》で透明蛍光色の欠片を拾い集めた記憶が蘇ってきた。

「商品」成型後、残像のような無意味を背負って生まれる無数の廃棄形《ゴミケイ》。それらを拾い集めているときの風のような快感は創造の原点を呼び込む。

完成していた土壁をすべて鉄板で覆い、同時に、入口に「巨大な窓枠」状態に立てた「船台」二つの隙間を鉄の廃材で塞ぐことに集中した。

それらの「船台」は宇和島の造船所で開業から三十年以上使われてきたもので、潮風に長年晒され続けた鉄とペンキによる逸品だ。

「これを垂直な壁に掛けて見てみたい」その造船所で作品を作るたびに思い続けてきた。

その晩、夢うつつに鉄工所跡の風景が現れた。鉄工所跡一角に「赤茶色のシリンダーが立ち並ぶ風景」が脳裏を離れない。それはとてつもなく「絵画的な光景」に見えた。人間が定義する「絵画」とは異なる「絵画」が世の中のここかしこに既にあるのかもしれないと思った。

入口の巨大な船台は実は「額」ではないのか？　「船台」が「額」ならそこに収まるべき「絵画」とは何だろう？　シリンダー群はもしかしたらその「異なる絵画」ではないか？

翌朝、鉄工所跡に直行しその光景を探すと、それらが完璧な配列で力強く立っていた。入口導入部はその「異なる絵画」に決まった。

新たな鉄材を物色中、「土に埋まる美しい色」が目にとまった。溶接作業中に鉄材の下に敷くための黒くブ厚いゴム板で、地中から引っ張り出し泥を洗い落とすと、自分では絶対に思いつかないペンキまみれの「絵画」がそこにあった。予想以上にたくさん出てきた不定形のゴム板をもう一つの「巨大な船台」に組み込むことにした。

こうして「針工場」導入部は二点の「額入り絵画」で始まるといった予期せぬ展開が生まれた。

現在「針工場」全体は自分自身にとって「一枚の絵画」だという思いが身体の中に残り続けている。立体ともインスタレーションともコラージュとも異なる、自分の思い描く「場の絵画」。結果的に未経験の絵画に行き着いたという思いがある。

芸術祭のオープニング翌日、以前制作した作品のある直島と女木島を駆け足で訪れた。雲一つない好天に恵まれ、開幕初日から島に渡る船着場はどこも長蛇の列を成している。

前回の芸術祭で女木島の女木小学校中庭全体を作品化した作品「女根《めこん》」は、今回、入口導入部を新設し全体の一体感を強めた。

中庭に置いた陽だまりのベンチで一休みしながら来場者を眺めていると、この三年の出来事が一気に脳裏に流れた。三年前、この場所で「女根」を一緒に作った人々の顔が次々と浮かんではピーカン空に消えていく。

三歳くらいの男の子を連れた若い家族がやってきた。好奇心の強そうなその男の子は中庭の現役の古井戸に興味を示したのか、その場を離れようとせずガキの作法でガッチャンガッチャンいじくり回している。

お父さんは愛する我が子があまりに若くしてアート破壊に手を染めてしまわないか、大人事情に気が気でない様子。

男の子は古井戸の醸す鉄のきしみ音と水のしたたり具合の関係を宇宙の大発見のように飽きもせず繰り返し試している。古井戸にプッツリ飽きた男の子はその場を離れ、複数の色付きプラスチック板を並べた庇下に移動した。今度は庇を通してタイル床に落ちる原色の陽光に興味を持ったのか、おぼつかない歩行を続けつつ両の手の平で色を拾い始めた。手の平の色は目まぐるしく変化していく。不機嫌そうな表情で色を身体で受ける姿が愛くるしく、その子の手の平を追っていた。

子供の好奇心の貪欲さに感心しているとその手の平上の色がとても特別なものに感じられハッとした。肉体と動き回る色の関係がとてつもなく無垢にこちらの深い部分に刺さる思いがした。目の前で変化する一刹那の連続光景もおそらく「異なる絵画」に違いないと思った。

二〇一六年五月

岬の藤棚

隣町の造船所への途上、岬の突端に、かつて賑わった遊園地がある。

今は地元の釣り人以外訪れる人も少なく、正確には遊園地跡といった場所だ。

そこは昭和二十九年に開園、三十年代から四十年代にかけて全盛を極め、宇和島の名所のひとつだった。

敷地内には現在は営業を止めた木造の食堂があり、十年ほど前までは外の席で対岸の九島や沖を行き来する漁船を眺めつつ、ときどき四〇〇円のラーメンを食べた。

薄暗い食堂の壁には額装写真が無造作に何点も飾られていた。被写体は自分の思い出ともつながる花菱アチャコ、横山やすし西川きよし、五味康祐、倍賞千恵子、中村晃子、伊東ゆかり、日野てる子を確認できた。

撮影者である御主人に伺うと、当時近隣のホールに興行に訪れた芸能人や文化人が立ち寄った際に勝手に写したものだという。写真は素人の域を超え、時代の中の岬の刹那が封じ込まれていて感動した。数点お借りしてそこから木炭画を描いた。

食堂脇には開園当時に植えた樹齢六十年以上の藤の樹が数本絡み合う藤棚が、奥に覗く大きな奇石に向かって伸びている。

初めて訪れたとき、棚の一部として使われていた水銀灯の支柱周辺のパイプ格子は生い茂るツルの重みと海風による錆ですでに崩れていた。

岬のどん突きにはかつてコンクリート製のテーブルとベンチが二カ所あり、遊園地を象徴する長崎の崇福寺《そうふくじ》三門を思わせる龍宮系の立体物は今も対岸に向かって立っている。

台風や高波のたび、藤棚下の遊具は劣化を重ね、危険な状態になるとひとつずつ廃棄され、光景は寂しさを増していった。

二十年程前のある日ラーメンを食べに寄った際、裏庭に廃棄されていた鉄製の遊具を見つけた。目的はなかったがお願いして譲り受けた。

昭和の時代の校庭で見かけた通常の雲梯《うんてい》を半円状に曲げた形状の高さ一メートル半程の緋色の遊具だった。

紅茶色《べにちゃ》を混ぜたような野暮ったく湿った色合いの緋色で幾度も塗り重ねられたペンキはブ厚く固まっていた。その平たい不定形の塊はパイプの錆層と一体となってぶら下がり、カサブタのように頼りなげに浮いていた。

潮風の吹き付ける岬で雨ざらしのまま立ち続けたその足元は海際の土壌の影響か、すでにペラペラにギザギザに朽ちていた。

その後しばらくして義理の祖父の庭から藤の樹を譲り受けた。藤は遊園地に直結し、殺風景な川沿いの仕事場脇に小さな藤棚を作った。放置したままの緋色遊具の出番だと、棚の骨組み上部中央に遊具を置き、鉄線でつなぎ止め、端に藤の樹を植えた。

立方体に曲線アーチが乗ると全体に体温が通ったように感じ、平面立体に限らずコラージュの要素を突き詰めると二つで十分なのだろうと思った。

それから十数年が経った。

以来、藤の花が咲く時期と仕事場にいるタイミングはなかなか合わず、雑草だらけの藤棚をじっくり眺めることは滅多にない。

先日久方ぶりに藤棚を見上げると、花芽を吹く藤のツルが構造体をギリギリと締め付けるように生い茂り、その収拾のつかなさに驚いた。作意なき立体コラージュに思え、見ない間に結構パンクな藤棚に育ってきたと感動した。獣と唐突に対面したような気分の中、「意図」という言葉が一瞬浮かんだ。


春先から手製本二冊に取り掛かっている。一冊はこれまで同様に継続中のスクラップブック六十八冊目、もう一冊はシルクスクリーン印刷によるページを束ねる大型本だ。

「スクラップブック」は毎年不定期な展覧会の制作合間に進めることが常で、個展やグループ展が重なる時期はその作業が滞る。

自分勝手の作業だが、しばらく間が空くと少しずつ気が重くなっていく。一日休むと登校が加速して億劫になっていく小学生のような気分にも似て、スクラップブック作業も一旦怠け癖がつくと再び取りかかるタイミングを失い、晴れない気分になる。

スクラップブックの最終ページには通常スタートした年月日を書き込む。確認するとすでに二年以上が経っていた。

通常の出版本のように明確な「作業終了の印」はない。作業終盤にきて全体的な密度が飽和に達したと感じたら、並行して次のスクラップブックが曖昧にスタートする。

六十八冊目の土台本には製本のしっかりした七〇〇ページほどの大判医学用解剖図鑑を選んだ。二年あまり断続的に貼り込み作業を繰り返してきたが、一〇〇ページほどを残したあたりで作業は減速した。

「描く」作業が続くと貼りたくなり、またその逆も同様で、気分転換的なバランスをとりつつ制作することが多い。この数年スクラップブック以外に「貼る」作業が多いことも減速につながっているのだろう。

制作における「快感」の根底に通じるのは素材に対して湧き起こる無条件の愛情だ。「慣れ」は素材愛の磨耗を呼び込み、ドツボ街道への道標ともなる。

スクラップ作業が停滞し距離が生じると、ページ上の「興奮」の所在を見失う。「考え」は常に「手作業」との連動が伴わないと喜びが湧かない。「興奮」が制作の肝だが、マニュアル的な作業からは生まれない。

近年「現代美術」には暗黙の禁句的な感のある「気分」「衝動」「興奮」、それらは自分にとってとても大きな意味をもつ。

ページ上の色の染み具合、異なる種類の紙と色が織りなす微妙な質感、予想外の様相や手触りとの出会いなどから導かれる感覚だが、それらを意図的に起こす手立てはない。そんなものが「ない」のがアートの醍醐味でもありタイミングがやって来るのを「待つ」しかない。

停滞気味の中、ふと作業場の一角に置きっぱなしになっていた段ボール箱が気になった。中には「古切手」がぎっしり詰まったクラシカルポップな意匠の葉巻の木箱と切手用紙フォルダーが入っていた。それらは、以前フランスの友人から受け取ったまま放置していた段ボール箱だった。

その直前にパリを訪れていた。街中で迷いこんだ小径脇に昭和っぽい文房具屋らしき店を見つけた。ガラス越しに覗くと老女が一人奥に座って作業をしていた。ディスプレイ台には黒いカバーの本とともにハトロン紙袋に目一杯に詰め込まれた古切手が西洋的な手書き数字の値札で並んでいた。どれもとんでもなく安く、血が騒いだ。

そこは棚卸し中の駄菓子屋を思わせる古切手屋で、ガラスケース棚に各国の「使用済み古切手」が山積みにされていた。貼り倒すしかない、「貼欲」がグッと立ち上がった。ガッと買い込み帰国後スクラップブックにドッと貼り込んだ。そんな興奮が冷めやらぬうちに現地の友人に「追加切手」の送付をお願いしたのだった。

時間差で届いた切手は同じく素晴らしいものだったが、微妙なタイミングのズレからそのときすでに「古切手」から気持ちが逸れていた。

段ボール開梱直後、止まっていたスクラップ愛が動き出した。邪魔でしかなかった段ボール箱は時間差でお宝貼箱に変貌していた。

このまま進めば今年は藤棚満開と六十八冊目終了が重なる。

二〇一六年六月

五〇ペンスの記憶

バーカウンター越しのレコードターンテーブル脇に銀色のコインが一枚、針圧調整目的なのか無造作に置かれていた。

七〇年代、一ポンドが四〇〇円ほどだったころにイギリスで流通していた七角形の五〇ペンス硬貨だった。

遠い日のひんやりとした感触が蘇り、懐かしさ愛おしさ切なさの感情が入り混じった。

七七年春、羽田からアエロフロート航空でアンカレッジ経由ロンドンを目指した。いまや「ロンドンを目指した」などといえば大仰な笑われ者だが、わずかな所持金で知り合いもいない初めての外の地で、当分戻らないつもりの過剰に気負った出国だった。

到着地ヒースロー空港の換金所でわずかなポンド紙幣と数枚のペンス硬貨を受けとった。手にした数種のコインにそれまで日本で感じたことのない重みを感じた。プライドというのかそこには無言の粋《すい》が刻まれていた。一番大きな多辺形の五〇ペンスは将棋の飛車角駒を思わせた。

以来、時の経過とともにポンド紙幣とコインの刻印、形状やサイズは少しずつコンパクトに簡潔に様変わりしていった印象がある。

七〇年代後半のロンドンではまだシリング硬貨や刻印違いのペンスコインも混在して流通していた。そんな状況に六〇年代東京の穴有／無二種の五円玉や五〇円玉、刻印模様違いの一〇〇円玉が混在していた東京オリンピック開催前後の日常を思い重ねた。

街中でもまだ「外人」が珍しい時代、当時の子供にとって「コイン」と「切手」は世界という宇宙を垣間見る、とてつもなく深いジャンルだったように思う。それらは景品やオマケで手に入れるシールやステッカー、バッジ、メンコやワッペンとは隔絶した魅力を放っていた。

日常のなかに普通にあった物質が小型化と簡略化を繰り返し、最終的にはこの世界から姿を消しつつある、そんな過渡期を今にみる。「紙幣」「硬貨」といった物質もいずれ消えようとしている時に立ち会っているのだろう。

七〇年代はまだ世界各国で「日常とコイン」の関係が深かった。ロンドンでの日々、ズボンのポケットはコインの重みで頻繁に穴が空き、繕うごとにポケットが浅くなっていった記憶がある。

当時、インド人の妻と離婚したばかりの初老のドけちイギリス人所有のフラットの物置部屋を安く間借りしていた。

近場の駅前でデカいバイクを無意味にフカしていた若者に、たまたますれ違った中年男がいきなり殴りかかりブチのめした鮮烈な光景と倒れたままのバイク音がその地に貼りついたままだ。

狭く薄暗い共同キッチンの壁の一角には前時代的な電気メーターが設置され、五〇ペンス投入ごとに電気が供給される仕組になっていた。料金分を超えると前触れなく給電中止となるため、メーターを気にかけつつ小まめに五〇ペンスコインを補充投入する日常を強いられた。

当時でもかなり時代遅れの古いフラットで、鉛色のメタル製メーターボックス上には数枚積まれた五〇ペンス硬貨、硬貨切れの際のロウソクとマッチ箱そして灰皿があった。

ドけちイギリス人は五〇ペンスを切らすと、うっかりした仕草でこちらにとっては大金の五〇ペンス玉供出を要求した。

路上に点在する公衆電話は壊れていることが前提の時代、通話最低料金である錆色の二ペンス硬貨は外出時の通信手段に必須の役割を担っていた。

ブ厚い扉の真っ赤な電話ボックスに入り、受話器を取り縦長のコイン投入口に二ペンスコインの端五ミリほどを沈ませて置き、間延びした呼び出し音が途切れ相手が出ると同時にガシャリジーコンと硬貨を押し込む。そして通話が始まる。電話機ごとにも様々な特徴があり、一連の動作とタイミングをマスターするまでには何度も二ペンス硬貨を無駄にした。

二ペンスが手元にない緊急時に五ペンス、一〇ペンス、五〇ペンス硬貨を投入しても釣り銭の返却はなかった記憶もあり、万年金欠の身にとっては手強い思い出の残る硬貨だった。

二ペンス玉を押し込む際の指先の圧、コインが吸い込まれる瞬間の機械音は電話ボックス内からの路上光景とともに強く心に焼きついている。

長い年月を経た東京でカウンター越しに再会した五〇ペンス玉はかつての記憶を次々蘇らせた。

ふと、その日仕上げたばかりの小さな油彩画が浮かんだ。

ボヤけた水平線、画面右下から中央左に向かってのびる岸壁、その突端に太めの灯台、灯台手前で海面を見つめる男、そんな光景の濃青単色の油彩画だ。

人工着色の古い観光絵葉書や家族アルバムの中には時折描画衝動を駆り立てるものが紛れている。その衝動と画像内容を手がかりに具象風景画を描く習慣が二十代のころからある。

意識に浮かんだ小さな新作油絵も、その日手に取った一枚の新潟の古い観光絵葉書を元に十五分ほどで描き上げたものだった。

絵の種類によって出来上がるまでの時間やプロセスは大きく異なるが、一連の単色油絵はまず画像の要所を頭に入れることから始まる。そして壁に立てかけたキャンヴァスにその残像を一気に一筆書きのように描画し、あとは油絵具の流れるままの偶然性に委ねる。

以前、その一連の絵は自分にとって一体何なのか、考えを巡らせた。「観光絵葉書」「家族写真」「具象油彩画」ということ以外、明確な軸に至らないもどかしさを残したまま、その後も絵は続いた。

ターンテーブル脇の五〇ペンスコインを眺めながら、それらの絵は「記憶」と結びついているように思えてきた。

一枚の五〇ペンスコインが忘却の彼方に沈んでいたロンドンでの記憶を呼び起こしたように、特定の絵葉書や家族写真の中の一角が触媒となり、過去の記憶風景に作用し描画衝動に結びつくのではないか？　記憶の底の残像が偶然出会う既成風景と共振し衝動を呼ぶのか？

一八六三年に世界最古の地下鉄がロンドンに開通し、同年そのロンドンでフットボール協会が設立していたことを最近知った。

プレミアリーグ最古のチーム「シェフィールドＦＣ」創設はさらに遡る一八五七年だという。日本は攘夷、天誅真っ只中、江戸幕末大政奉還前の御時世。

薩摩で島津斉彬公が国内初の銀板写真を撮った年に異国でサッカークラブが創設され薩英戦争の年ロンドンに地下鉄が開通した。高杉晋作、坂本龍馬、サッカー、地下鉄は海を隔てた地でまったく同時代の出来事だったことに驚愕した。

幕末から明治にかけて活躍した写真の開祖上野彦馬の写真集で肖像や風景をじっくりと眺める。人物、光景を問わずそこには一様に「記憶」が写り込んでいるように感じ、同時に心が和んだ。幕末の長崎と海の向こうのロンドンの街中を思い浮かべた。妄想の俯瞰から眺める市井の雑踏はどちらも似た階調のモノトーンを帯びていた。

二〇一六年七月

暴絵族

梅雨どきの湿気が熱帯都市での記憶をふいにあぶり出す。

秋のシンガポールでの個展に向け、最終準備中だ。昨年現地にひと月半ほど滞在し制作した約六十点からの展示になる。

「着色した紙パルプ」による絵画と「版画系」作品といった内容で、今のところ最終の展示点数は決まっていない。

滞在期間内に「大型本仕様」の作品一点のみを仕上げることができず、年明けに現地から届いた両面シルクスクリーン印刷による用紙（シートサイズ一〇〇×八〇センチ）四百点から百五十八点（全三一六ページ分）を選び、それをページとして束ねたものにカバーを取り付け先日完成した。

四年ほど前にドイツで開催された芸術展ドクメンタ⒀への出品作品の部分として初めて「大型本」を作った。そのときの技術的な試行錯誤の経験が今回生かされた。

新作「大型本」のテーマは「記憶」、その制作のきっかけはシンガポールの印刷工房内にこもるインクの「匂い」だった。

濡れたインクがベッタリと乗る印刷済みシートを工房のスタッフと運んでいると、「シルクスクリーン印刷」にまつわる雑多な思い出が蘇ってきた。「匂い」を触媒に、記憶の底に沈殿していた風景の粒子がワッと舞い上がり嗅覚で絵を見ているように感じた。

刷り重ねたビジュアルイメージと大ページをめくる際のインク臭が混ざり合う本、目と鼻から生じる「記憶起動装置」としての本、そんなイメージが浮かび、シートサイズのままの「大きな本」を作ってみようと思った。

「桁外れに大きな本」に対する願望は、美大に通っていたころデザイン科の版画工房で「シルクスクリーン印刷」を試した時期にさかのぼる。

当時油絵科に属する身として校内のアトリエでモデルや静物を油絵で描く授業に興味を持てず、科とは無関係の版画工房に忍び込み、シルクスクリーンの技法習得に時間を費やしていた。

ひとつ「版」を作れば、あとは刷るだけで同じ絵が何枚でも出来上がる、そんな当たり前の事柄に興奮した。オリジナルの作品集や雑誌をたったひとりで作る手段を初めて手に入れた気分で版画制作は加速した。

当時洋書の画集で目にする「キャンヴァス上の写真」は大きな謎だった。大きなキャンヴァスに引き伸ばされた「写真」の質感はとても異質な空気をまとっていた。荒目のキャンヴァス地にかすれるように曖昧に刷られた写真画像には真っ平らなポスターにはないザラつくときめきがあった。

通常油絵具を重ねるための麻布製キャンヴァスにどうやったら写真を「現像」出来るのか？　海の向こうではすでに「印画紙キャンヴァス」のようなものが流通しているのか？　もはやキャンヴァスは絵を描くためだけのものではないのか？

結果行き着いたのは「現像」による「写真」ではなく「写真製版」による「シルクスクリーン印刷」という技法だった。

その薄っぺらでカラッポで無責任な印象の質感に大きな可能性を感じた。それは古臭い油絵科の身にとって根拠のない希望にも思えた。

シルクスクリーンと並行して別の工房でリトグラフや銅版画も試した。油絵科のゴミ箱で手に入れた使用済みキャンヴァス裏地にそれら異種技法を併用し、手描きやコラージュ要素を加えたり無茶技を繰り返し試してみた。

一点オリジナルの「絵画」と比較して、複数枚エディション仕様の「版画」を価値的に低く捉える傾向は根強くあるが、当時拙い作業を通して「オリジナルと複製」について考えるきっかけとなった「版画」との出会いは大きい。

なぜ「版画」は紙の片面に刷るのか？　両面刷りの版画を複数枚束ねたもので巨大なスクラップブックを作れないか？　そんな疑問や妄想が浮かんだ。

一枚の紙は軽量のイメージだが、束になると予想外の重量になる。卒業後に五〇×三〇センチのページサイズの本を作ろうと木材による製本を試みたが、背部分の強度不足であっけなく壊れた。その際「鉄材」を使うことを考えたが技術不足で断念、数年前に金属溶接の技術者と出会うまで「大きな本」の妄想は現実に至らなかった。

通常の本であっても大判の画集や写真集のようにサイズが大きくなるほど製本技術が問われる。今回、三一六ページ分の重さが約八〇キロ、それに耐えうるカバーをステンレス材で作った結果、総重量が約一三〇キロになった。

完成後、仕事場中央にその「大型本」を初めて垂直に立て周囲からジックリと眺めた。目の前のバカデカい本は周囲の壁に立てかけた作品から分離した異物に見えた。それは予想以上にバカげていて、可笑しみと快感が湧いてきた。

頭の中のアイデアを形にしていくうち、予想外な場所に突入していたことにふと気づく。コンセプトや芸術性とは無関係に偶発的に起きるズレの可能性のようなものか？　それはいつでも危うく見えにくい。

なぜか、以前テレビ画面を通して一瞬目にした絵が浮かんだ。人気芸能人やタレントが画題をもとに絵を描き、最終的に専門家が批評しランクをつける、そんな内容のバラエティー番組だった。

与えられたテーマは「子供のころの忘れられない思い出」。

小学校以来絵を描いたことがないという若手タレントが、白地のボードに黒いマジックインキでテーマに沿うイラストを数秒で描き上げた。ボード中央数センチのスペースに棒状の人型が四角形と並んで配置された、大半が余白のイラストだった。

その絵は暴走していた。他の絵から大幅にズレている分、当人の心の中の形を一気に描いた正直さがダイレクトに伝わってきた。

取り囲む出演者はあまりに酷すぎる「落書き」に失笑し、場は凍りついた。

確かに「写実的」の真逆、稚拙で雑、投げやり、比率も五百パーセント以上狂っていて失笑の意味もよくわかる。しかしこれほど素直な絵はなかなか描けないと思った。本人が「子供のころ留守中に自宅の共有貯金箱から無断でお金を拝借したところ」の絵だと説明した。

テーマが「好きな動物」に変わり、そのタレントは状況にメゲることなくスラスラと「キリン」を描いた。その絵は常識のキリン形から遠く離れた「細長いエイリアン」のような身体に変身していた。

素直に、オリジナルないい絵だと思った。この構図にこの線、自分には絶対に描けない絵だと思った。番組内のランクはぶっちぎりの最下位、「絵の暴走族」として一瞬で道化役となっていた。

番組内高評価だったのは比率の取れた「写真のような絵」だった。それはまったく面白みの欠片もないカサカサの絵だった。「高額判定」に真価を求めようとする「鑑定番組」がよぎり、やるせない気分になった。

「写真のよう」であることと「高額」であること、遊びからかけ離れたそんな痩せた価値観が日本人の美意識に強く結びついたのはいつ頃からなのだろう？

あっけらかんとした「異種」の暴走、テレビで見た最下位の絵に久方ぶりの興奮と希望が押し寄せた。

二〇一六年八月

Gens

時代の目玉

一年半ぶりに一週間ほどロンドンを訪れた。

目的は参加中の写真グループ展「ストレンジ&ファミリアー」を観ることだった。一九七七年から七八年にかけての約一年間にイギリスで撮影した写真約千六百点から選んだ百七十五点と、同時期に制作したスクラップブック五冊を出品した。

会場は一九八二年にシティ地区に完成したヨーロッパ最大級の総合文化施設であるバービカン・センター内のアートギャラリーで、日本では劇場や映画館、交響楽団のコンサートホールとしてよく知られる場所だ。

敷地内に住宅、オフィス、学校、図書館、レストラン、巨大な温室など多彩な機能を有し、建物全体にどことなく「昭和テイスト」な空気を感じた。

イギリスの写真家マーチン・パー氏のキュレイションによる内容は、一九三〇年代半ばから現在まで、イギリス国内の様々な光景を「イギリス人以外」の写真家二十三名が切り取った写真による大きなグループ展で、馬蹄形の二層構造の細長い会場が作家ブースごとに仕切られ展示された。

一昨年の秋、ロンドンでの個展開催中のトーク会場にマーチン・パー氏がふらりと現れ、展覧会の話を伺った。以前日本で出版した写真集を見たことがきっかけのようだった。

その時は、四十年ほど前に条件反射的に気ままに撮っていた素人スナップ写真が、果たして巨匠である氏の思い描く展示に耐えうるものか、正直戸惑った。

年が明け、展覧会内容が「イギリス人以外の見たイギリスの百年」であることが判明し、写真の選択や展示方法に関しては日本にも縁のある生粋のイギリス人パー氏にすべて委ねることにした。二〇〇四年に今回のきっかけとなった写真／作品集『ＵＫ77』（月曜社刊）を出した際は、自分の独断で写真を選んだので、現地人であるパー氏の視点に興味を覚えたのだ。

最終的に選ばれた写真は、かつて自分があまりにストレートすぎると思い、写真集から外したものが大半を占めていた。

展覧会場最初の大きな部屋が与えられた展示スペースだった。

部屋への導入通路右手に、そっけなくスクラップブックが横一列に並んでいた。

正面壁面には引き伸ばした額なしのモノクロプリントが二十四点、床の中央に横長展示ケースが二つ、テーブルのようにシンプルに置かれていた。

展示ケース内にはスナップ写真すべてが縦横整然と資料標本のように無機質に並んでいる。それらは当時帰国後に、実家の最寄り駅前の小さな写真店で現像したサービスプリント版で、以後四十年見返すこともなく十数冊のアルバムに収められたまま仕事場の隅に放置されていた。

会場に足を踏み入れ、まず感じたのは空間三方の壁に一点も展示しないという、イギリス人特有の感覚だ。空間全体の効果を最優先に考え、過剰なほど要素をバサバサとそぎ落としていく引き算式空間演出には、現場スタッフの長年の展示経験に裏打ちされた強い自負を感じた。

ケース内に並ぶ写真を一点一点じっくり眺めた。

興味を抱いた対象をそのまま撮っただけの写真を前に、目の前に在り続けていた答えに初めて行き着いたような気持ちになった。「素直であること」「考えない」ことの創造の核を笑顔のパー氏から突きつけられたようにも感じた。

経年劣化でカラープリントの色彩は一様に黄色っぽく緩く退色し、この地を去ってからの短くはない時間をリアルに感じた。

会場内では、テーマに沿った絶版写真集閲覧コーナーがあり、作品鑑賞とは別にこの百年余りの「写真と印刷物」の変遷も至近距離で感じることができた。

会場に足を踏み入れるまで、写真によるイギリス歴史年表的な全体像を思い描いていたが、出口付近に来たときには国境や時間軸は念頭からすっかり消え去り、漠然と「時代の目玉」という言葉が浮かんでいた。

眼前に並ぶ静止写真画像を通して超スローモーションで動く近未来映像を覗いているような、また乱反射する時間の流れの中に静かに放り込まれたような気持ちになった。

印画紙の光跡を取り囲む空間には視えない無数の匿名写真データが飛び交い、自分自身の網膜画像が無意識に連動する進行形の目玉の心情、そんなことを思った。

今回ロンドンではホテルではなく紹介されたB&B《ベッド&ブレックファスト》に滞在した。

場所はロンドン北部、奇しくも一九七七年に初めてロンドンを訪れたときに滞在したB&B初体験

GYM & TONIC
OPEN DAILY
11am till 9pm
Sat 10 till 2pm
Beatles
Mirror
ELVIS PRESLEY IS DEAD

地区ということもあり、その後の変貌ぶりを探索するいい機会のようにも思えた。案内されたのは十歳の女の子のいる一般イギリス人家族の住宅三階の屋根裏部屋で、トイレとシャワーも完備され、かつて経験したB&Bとは別格の環境だった。

大通りから入った静かな住宅地の一角、裏窓からはかつて眺めていたのんびりとした市井風景も垣間見ることができ、相変わらずのロンドンに流れる時間に浸った。

「ベッド&ブレックファスト」という言葉の響きは、自分自身が「外国」を意識し始めた最初期の日日に重なる。気恥ずかしくも海の向こう側の匂いのする「青春の響き」のひとつだ。サッチャー女史とセックス・ピストルズの写真が頻繁にタブロイド判大衆紙に掲載されていた頃の、「パブ二階のB&B＝バックパッカー向け安価宿泊施設、パスポートとトーマス・クックのトラベラーズチェックは腹巻きに隠せ！」といった固定観念は今回一瞬で砕け散った。頻繁に会っていたイギリスの友人の大半もすでにロンドンにはいない。

宿泊部屋に向かう階段でペンキの匂いが気になった。初めてロンドンを訪れた当時、同じ匂いを嗅いだような気がした。

「匂い」が人の「記憶」と強くつながることをときどき思う。

ロンドンでは「静寂感」が記憶に強く作用しているように感じた。

それはこの地に住む人々のマイペースな心の状態が関係しているようにも思えた。

遥か彼方に浮かぶゆったりと浮遊し続ける懐かしさに似た空気はおそらく百年前もこの地に真っ当にあったものなのだろう。

地元のパブを訪れた。

入口にはタテ二メートルほどの大きな黒板が据えられていた。その全面に始まったばかりのサッカー欧州選手権ユーロ二〇一六予選全試合の組み合わせが白チョークで書かれていた。黒板はキックオフ時間に合わせた席の予約用だ。

禁煙ブームでパブの雰囲気もだいぶ様変わりしたが、この時期の光景は不変だ。

イングランドとウェールズそれぞれが参加するユーロ予選中に、イギリスEU残留か離脱かを問う国民投票も控え、街中もパブ同様に浮き足立つザワついた印象を感じた。

パブの外の席では地元人たちによる投票に関する突然の議論が始まり、駅前ではREMAINかLEAVEか、それぞれ支持するポスターやステッカーを配るロンドンの日常があった。百年後の目玉はこの席から何を視ているのだろう、昔、初めてこの辺りを歩いたときも同じようなことが浮かんだことを思い出した。

二〇一六年九月

バワリーのゴミ星

どんな瞬間に創りたいと思うのか？　なにをきっかけに創ろうと心が動くのか？　ときどきそんな漠然とした疑問が浮かぶ。内側から一ミリの線すら出てこないカラッポ時間の隙間にふと思う。

自分自身は理屈や論理を絶対的な基盤として制作するタイプではない。納得のいく「方法論」を見つけ気持ちが動くと、同時に都合のいい無意識が立ち上がる。次第に統一感や作品スタイルを求めようとする欲が意識にまぎれ込む。当初あった無防備な衝動や興奮はフェイドアウトし始め、制作は無味乾燥なプロセスへ向かい出す。

自分にとって「創ること」には「心の動き」が強く関係している、時間の経過とともにそんな思いが強くなっていった。

コントロールできないナマモノの心の状態が創作の始まりに大きな影響を及ぼす。流動的な「状態」を的確な表現に置き換えることはできないが、その「感触」を心に思い描くことは可能だ。

なにかをきっかけにしばらく続く制作の流れはピークを越すと興奮が徐々に冷め始める、制作の起結はその繰り返しだ。

宙に舞う無数のチリが鎮まっていくように、気持ちは平らな方向へ向かい始める。制作中、感覚に沿って一つ一つ置いてきた作品ディテールが心の中のそれぞれの場所にゆっくりと降りていく。

そこから先へ連動していく心の焦点は定まらないまま時間は過ぎていく。

次を創るためのマニュアルはない。とりあえず「待つ」しかない。そこからどのように「創りたい」という心の動きに繋がっていくのか？

これまでに共通する「心の状態」がおぼろげに浮かぶ。「動機」の発端を追うといつも必ずそこに行き着く。

たとえば紙や布、鉄や木、雑誌や新聞、あるいはキャンヴァスや絵具チューブやスケッチブック、筆ペン、ペン、鉛筆や木炭、オイルスティックなどの素材や材料、または建物や壁、路面や看板など偶然見慣れた光景、なんでもいい。

ふとしたタイミングでそれらに接するとき、愛おしさを伴う「温もり」がペタッと吸い付くかの感触を覚える。

机上に放置されていた一本の鉛筆に対してジワッと差し込む柔らかな感覚が不意に心の中にポッと湧く。危うく消えやすく控えめで意味がなく無目的にただ心に浮き上がる。

モノや出来事に反応する心の中の温かな手応え、自分にとってはそれが最も大きく創作につながる「動機」であり続けている。


この夏十日間ほどニューヨークを訪れた。

日本と変わらぬ連日の猛暑続きで、予想外の高湿度に驚いた。ニューヨークは三度目、前回八〇年代末の滞在から三十年が経っていたことに愕然とした。そのときの光景は夢の中のように曖昧だ。

マンハッタン南東部ロウアーイーストサイド、バワリー通り沿いに建つニューミュージアムで開催中のグループ展（「The Keeper」）の展示確認が目的だった。

著名な日本人建築家により設計されたニューミュージアムは、宅配便用段ボール箱を無造作に積み重ねたような真っ白な外観で、以前からその内部構造に興味があった。

到着翌日、早速展覧会場を訪れた。

バワリー地区は古い倉庫が点在し、新しくなりきれない通り沿いに「雑味妙」とでもいったらいいのか、懐かしさに似た親近感を覚えた。巨大なレンガ作りの倉庫の形状や壁面に貼りつく外階段、ショップの入口上部に据えられた錆び付いたゴツい立体サインに「アメリカ」の磁場を感じた。

八〇年代初頭に初めて訪れたバワリーは当時の年上経験者から「アル中の巣窟だから気をつけろ！」としきりといわれ、ビビりながら歩いた感覚が残っている。

目の前の眩しい陽光下のバワリー光景はまるで赤の他人の記憶景のようでもあり、ふと「未来」という言葉が降ってきた。

「The Keeper」展のキュレイターは三年前のヴェネチア・ビエンナーレで展示（ジャルディーニ会場）に関わった人物だ。

モノや作品、イメージなどを「保存／保管」する行為や情熱から生まれた創作物、アウトサイダー色の濃い「表現物」が三フロアに配置された展示ケース内に分類されていた。

作家やコレクターを含む出品者は二十七名、ヴェネチア・ビエンナーレでの展示内容をよりコンパクトに煮詰めた印象を受けた。

展示物＝作品、また制作者＝現存作家といった括りはなく、キュレイターの主観で選出された「物質」による「アート」の定義への揺さぶりといった意図も感じた。

展覧会には前回のヴェネチア・ビエンナーレ同様「スクラップブック」を五十冊ほど出品した。展示方法や環境の違いも大きく、同じモノの見え方や伝わり方に以前とは異なる印象を受けた。

会場をひととおり見終わったあと、一時期日本で話題になった「断捨離」という言葉と最近テレビでみた「ゴミ屋敷」映像が同時に浮かんだ。

ここは「断捨離」精神とは真逆の日常から生まれた展覧会場だと思った。太陽の周りを回り続ける闇の中の「断捨離星」と「ゴミ星」、そんな宇宙空間が浮かんだ。

「身の回り整理術命！」なる超潔癖性の人物がこの場所に間違って足を踏み入れたらどんな反応を示すのだろう？　率直な感想を是非聞いてみたいとも思った。

「スクラップブック」と他の「展示物」を眺めつつ、とりとめもなく共通点を思い浮かべた。

イメージの堆積、不要物、拾得物、本形態、複数、束、層状、分類、未整理、非作品、非統一、既製物、色、線、シミ、趣味、雑多、低俗、ミステイク、ストリート、偏執狂、変態、愛情、時間、記憶……そんな言葉が浮かんでは消えた。

ありていな印象は「汚い」かもしれない。最後に思ったのは「これなら私にもできます」感だ。

展示物すべてに対していえることではないが、「スクラップブック」を含め「これなら自分にも今日から作れる」、そんな要素が展覧会場に多々散らばっているように感じた。

Suave
SNYDER'S

それは「美術館」と「観客」の関係においてかなり重要な要素なのではないか？　鑑賞が自発的ワークショップにつながること、これは一つの理想形だ。

「今日から作ろう」という動機の発露、それはアートの最上位に位置する出来事ではないのか？　その瞬間には「言葉」ではなく「愛」が関係しているように思えた。

「The Keeper」展で感じた「揺さぶり」には現代美術における「かっこよすぎるコンセプト」に対しての「かっこ悪い愛」の復権といった意図も隠れているのかもしれない。

会場に並ぶそれぞれの「モノ」たちは、異なる時代と場所で生きていた／生きている人類の生み出した「愛の化身」だとすると一番納得がいく。

「The Keeper」展出品者の「動機の形」を考えた。

「愛」と「衝動」が合体した歪《いびつ》で柔らかい果実がたわわに揺れる巨大樹木が浮かぶ。その樹の入り組んだ根の先は、世界中に忌み嫌われて散る無数の「ゴミ屋敷」に通じていた。

二〇一六年十月

内箱と外箱

宇和島の家人の実家からの、年代物の草履箱が三つ、玄関の陽だまりに放置されていた。物置の暗闇に長年耐え忍び、湿気による染みや朽ちかけたホッチキス錆が浮き出たひしゃげた紙箱だ。一般的には「年代物」ではなく「ゴミ」と呼ぶのが正しい。

今時なかなか目にすることのない「ボソボソの馬糞紙製」の再生紙箱で、蓋と側面は和風の薄緑色の紙が貼られている。

映画「ローマの休日」で知られる「スペイン広場」を背にポーズ姿で立つ五〇年代風モデルのイラスト入り紙袋や昭和感溢れる色合いの包装紙も空箱の脇に束ねてあった。「ＲＯＭＥ」「ＰＡＲＩＳ」の書体とザックリしたスケッチ線によるイラストの組み合わせが当時の洋品店の雰囲気を醸し出す。

家人の実家は昭和三十九年東京オリンピック直前に完成した木造二階建て家屋で、義理の両親も亡くなり、暇ができたときに少しずつ整理している。数年前に亡くなった義母は若い頃からずっとファッションに強い興味を持ち続け、戦後、結婚前には上京し洋裁の勉強をしていた。

そのせいか服の型紙やら自作の服や着物などがまだたくさん眠っている。以前、着物用の荒目和紙

製のたとう紙をたくさん譲り受け、作品下地に使った思い出がある。

年代物の空箱であれば一様に興味を持つといったことはもちろんない。百個に一つくらいの割合で限りなく汚らしい体のとてつもなく美しい空箱に出会うとき、強烈に気持ちが反応する。

薄緑色の蓋を取ると履物底に付着していた黄な粉状の土が薄紙越しに見えた。長年の陽焼けから焦茶色に変色した薄紙には、かつての店舗名なのか「特選　江戸正　宇和島　電話六六一番」と草色の文字が印刷されている。

その一〇センチ四方の紙っペラ上の印刷文字「宇和島」には、インクに溶ける時代の「距離」がしっかりと刷り込まれていた。

土粉を払いつつ草履箱を手にするうち、これはナニかの一部であるように思えてきた。コレになんらかの手を加えたらナニかに変化する、そんな感覚が湧いてきた。

紙蓋四方周りに立ち上がる一センチほどのフチを蓋に沿って折るとポロリと外れた。錆び付いたホッチキスがむき出しになり、とりあえず蓋上面とフチ四面に分解して床に並べた。

ナニかに変わる手応えがあった。

若干サイズの異なる別の紙箱も同様にバラし、二箱それぞれのパーツを「箱状」に合体させた。目の前に空っぽの茶室、無骨な日本家屋の一室を思わせる小さな空間が現れた。どこか東欧的な漆喰塗りの古納屋のようでもあり、また隠者のあばら屋のようでもあり、様々なイメージを煽る小型立体物が組み上がった。

しばらく眺めるうち、記憶の中に茶器収納用木箱が浮かんできた。玄関の草履箱同様、数年前「これはナニかになる」と感じた百個に一つの絵具箱サイズの杉板の木箱だった。

とりあえず木箱の表面を覆うよう、外部内部に茶紙を貼り始めた。蓋を取ると内部に手作業を加え始めたまま中断し放置していた木箱であることに気がついた。

「箱状の草履箱」と「杉板箱」はサイズ的にも「ナニか」を共有しているように感じた。その木箱の蓋部と底部を直角に組み合わせ、その上に草履箱空間をのせたらどうなるか、角度やズレ具合を変えつつ位置を決めた。

最終的に縦横二〇センチ四方高さ五〇センチほどの立体物として、草履箱と杉板箱が合体した。机上で眺めると角度によって風景の印象が大きく異なって見える。部屋でも壁でもない彫刻でもない。どこから見ても無目的、無意味、無欲、無主張そして無国籍だと思った。このまま高さを三メートルに引き伸ばし、内部に入り、そこから見える光景を想像した。

頭の中のイメージを取り出すと立体物となるその感触が自分にとっての「絵」に近いと思った。しばらくしてコレは自分にとっての「絵画」だと確信した。

夏から鉄製の立体物を作り始めた。

作品作りというよりは、内側にずっと在り続ける「感触の形」をなんとか表に吐き出したい欲求に近い。

心の中にあった映像や画像のような、どちらかというと平面的イメージを超え、この数年は箱形空間的な立体物を思い浮かべることが多い。

鉄製立体物はまだ手探り段階で、完成したものはない。小さなサイズで二、三試しているが、このままのサイズでもいいように感じている。

若い頃「どんな絵を描きたいか?」と問われ、「路上でゴミ収集人がこれはゴミだと一寸の躊躇もなく収集車に放り込んでしまうような絵が理想だ」と答えたことがある。

奇をてらったウケ狙いの返答ではなかった。たとえば線路脇に立つペンキによる未完成広告看板のような、あくまでも「業務的な絵」に対する羨望に似た感情が、反射的にそのような言い方になったのだろう。

それから四十年余りを経た現在、その思いに大きな変化はない。ひとつハッキリしたのは「絵」についてだけではなく「立体物」に関しても同様の感触が自分の中にあるということだ。

自分自身が全身全霊で美しいと感じる形や色を追求した結果、大多数の人々にとっては反射的に「ゴミである」といった判断に至るモノがある。おそらく「音」に関しても似た部分があるに違いない。

ゴミ収集人以外に関係性を持ち得ない創作物と美の関係、やはりそこには自分にとって鍵となる重要な〝域〟をいまだ感じている。


二週間後にシンガポールで個展が始まる。

そんな中、展覧会カタログの校正用紙一七〇ページ分が届いた。

オープニングに間に合うものなのか今更考えても仕方がないが、いずれにせよ来週から作品設置が始まることは確かだ。

昨年現地で滞在制作した作品約八十点から絞り込んだ三十点弱を六週間展示する予定で、アジアでの個展二度目となる。

四年前の韓国ソウルでの展覧会は、現地制作一点を除いて過去の作品による回顧的な内容だったので、すべて海外制作による新作展は初めてだ。

シンガポールでの最終制作から一年余りが経過したせいか、どこか他人事のような個展感覚も経験したことがない。

パラパラと校正用紙に刷られた作品をみていると、作品画像にダブり、それらを制作していた光景が炙り出る。

一年前の高温多湿の日差しがジリジリ蘇り、どこか他人の白日夢映像を眺めているような汗ばんだ記憶がフラッシュバックする。

パルプ絵画やリトグラフ、シルクスクリーンや銅版画と、複数の異なる技法による今回の出品作品はすべて下描きをしなかった。それらの技法を使い極力「考えないこと」を念頭に置き、「記憶」を手がかりに作業を進めた。

あの茹《う》だるような熱帯夜、部屋の窓から見渡していた夜景の感触もいつか心の中の箱に住みつくのだろう。

二〇一六年十一月

未来風味の亀

美大からレクチャーの依頼があった。

準備というほどのことではないが、そのための作品写真選びをしている。

普段は現代美術を取り巻く世界とは無縁の場所にいることもあり、今の美大生たちの思いがふと気になることもある。

十代のころ自分自身にとって「美術」とはなにを差し置いてもまず「絵」が基本にあった。その「絵」をどう捉えるかは千差万別で一筋縄ではいかないが、美術を目指す者の入口で「絵＝デッサン力」という有無を言わせぬ壁を押し付ける考え方には早くから疑問を抱いていた。現在も相変わらずの状況だとは思うが、コンセプト重視の時代になったことは大きな変化だろう。

何故ソレを作るのか、まずは他人が理解できるようキッチリ己の言葉で説明せよということか。あらゆる絵はどのつまりコンセプチュアルだとも個人的には思えるが、その辺りを含め、この機会にこちらからもいろいろ聞いてみたい。

美術に関する自分の考えを学生の前で主張することは気乗りしないので、稀に依頼をいただくときは自分自身の近況や日常でインスパイアされる路上物件の解説や作品との関係、といった内容になることが多い。

今回のレクチャー内容でも、この数年に制作した大きめの近作について写真を交えて思い出すことなどを話そうと決めていた。近作であればまだ記憶も新鮮なので、制作時のディテールも正確に伝えられると思った。

写真を選ぶうち、自分が学生の立場だとしたら、こちらの一方的な近況など聞いても退屈な無駄話でしかないようにも思えてきた。

これまでの活動などまったく知らず、また興味もない学生も当然いることを考えると徐々に弱気な気分も頭をもたげてくる。

そこで自分が聞く側と同じような年のころ、どんなものをどのような状況のもと、なにを考えて作っていたのか？　そんな内容の方がかみ合うように思えてきた。それならば少しは学生の「今」のリアリティに近づけるように思えてきた。

年齢とは無関係に、興味や好奇心がない他人に対してはなにをどう話そうが伝わらないことは重々承知している。それでも生まれてからお互いそれぞれが過ごしてきた「時間と日常」に対する思いには共通する部分があるように思える。


最近新たに立体物制作を始めた。

六ミリ直径の丸鉄棒を長さ四五センチほどに切り分けて溶接し、立方体状に組み、その中にいろいろな素材を層状に貼り込む、そんなことを淡々と繰り返している。

意味を持たない箱状の形、その内側に折り重なる層状の凸凹の集積のようななにか、一見重いのか軽いのか判断つきかねる塊……そんな曖昧で頼りない印象だけが心に消えずあるだけで、もやもやしたまま具体的な作業につながらなかった。

今のところ立体物は細い鉄棒で組んだひしゃげた箱のような外観をしている。最終的にどうなるのかはまったく分からない。どうしたいといった明確な形もない。

昨年いくつかの条件のもと、同じような工程で小さなサイズの作品を作った。そのときの漠然とした手応えが残り続け、今回の個展がひと段落したら、もう一度より自由に作ってみようと思っていた。

今はなぜか「箱のようなもの」に興味が向く。

外を歩いていてもコンテナのような形につい目が行く。素っ気なく平面で囲まれただけの空っぽの構造物に刺激を覚える。素材や用途がなんであれ業務的な箱状のもの、経年劣化が見られるものがより好ましい。

不定形にちぎられた細かい素材が箱の中に入り組む収拾不可能な光景、そんなイメージが浮かぶとき「貼る気持ち」が湧く。

一旦貼り始めると作業は連鎖していく。それで何を表現したいのか、なぜその形になっていくのかは考えない。目の前の形が一瞬現れては消えていく。

その繰り返しは最終的に見えない「密度」に行き着く、それは「スクラップブック」完成までの工程と似ている。

箱状立体形の内部に「置かれるべきもの」、その判断基準は「感触」であって「意味」にはない。「時間」が当たり前に貼り付いている佇まい、突き詰めればそれが唯一の基準だが、それは自分自身の「日常」にも通じることなのだろう。

シンガポールで個展が始まった。

オープニング前後の慌ただしい一週間を現地で過ごすうち、昨年この場所で滞在制作していた日々がうっすら蘇ってきた。

初めて下見に訪れてから早二年近くが経過していたことに驚いた。

当初のシンガポールからの話が「版画」と関係があること、「パルプ絵画」という未経験の技法で制作できることを知り、どうしてもやってみたいと強く思った。

絵画や彫刻はサイズ次第で一人で作れるが、版画制作は設備やサポートが不可欠だ。規模の大きな新作版画展の機会はかなり稀だ。学生時代に集中的に版画と関わって以来、いつか大きなサイズに挑戦してみたい、そんな思いが心の片隅にあった。大きな版画が作れる、それだけで気分は高揚した。

観光スポットでもある展覧会場周辺のクラーク・キー地区はあいかわらず毎日がホリデーのごとく雑多な人々で賑わっていた。

会場脇に位置するシンガポール川に「流れ」を感じたことがなかった。

深緑色に淀んだ水にはほとんど動きがなく、時折その上を浮遊物回収用の清掃ボートが行き交っていた。川というよりは街中に細長くのたり横たわる淀む溜池といった印象で、昼下がりにポカリと浮いては慌てて沈み込む亀の背が記憶に焼き付いている。

記憶の中の対岸の光景には古い倉庫ビルが建ち並んでいたが、不在中の現実が、その辺りを根こそぎ更地に変えていた。

炎天下の仮設壁越しに、重機が騒がしく不規則なリズムを刻み続ける。

新たな地下鉄駅が急ピッチで建設中とのこと、東京でオリンピックが開催される数年後にはこの街も激変しているのだろう。そのころ目の前のシンガポール川は当たり前に流れているのか。

強烈な光と影、急ピッチの開発と土俵際で残る旧シンガポールの街並み、はるか昔を思わせる市井のゆったりとした空気、観光客の雑踏、高温多湿気候と大粒のスコール、屋台飯、旧香港時代がよぎる路地裏、欧米系ビジネスマンの子連れ家族やジョガー、隣国インドネシアでの森林伐採の野焼きからの煙害、沿道にうっそうと立ちならぶ南国の巨木と枝に寄生するシダ植物、チャイナタウンの漢方薬屋、香辛料の鼻をつく匂いとコロニアル風の店構え、日陰ベンチに連なる老人、超モダン建築群と七〇年代の総合ビル……折り重なるアジアが巨大な妄想鉄鍋の中でドロドロの濃厚なスープとなってゆっくりと回転する。

黄昏時、川面にネットリと揺らぐ極彩色のネオン光に酔っ払い観光客の雄叫びが唐突にかぶる刹那、「未来風味」の生暖かい湿気が通り過ぎた。

自分の中を「未来」が横切るとき、なぜかいつも倦怠感と人の情と光と音と匂いが一瞬交差する。

二〇一六年十二月

居場所岬

東京でレクチャーやイベントが続いた。

田舎暮らしゆえ、都会でのイベント参加は移動を含め丸二日間を要するため、安請け合いは禁物だ。実家のある東京は頻繁に訪れるが、いつも集中的に用事を済ますと仕事場のある宇和島に早めに戻ることが多い。

上京のタイミングは仕事次第なので、腰を落ち着けて美術館巡りなどをする機会も宇和島に移ってから三十年ほどほとんどない。

今回の滞在は予定外の私用が重なり、久々に長期になった。

実家に寄ると、兄が棚の奥から出てきた埃まみれの箱を差し出した。

小学校のころ家族で房総の海の家に行ったときに描いた絵付け皿や粘土細工、ゴム版による年賀状、中学のころに描いた小さな油絵二、三点が箱の中に折り重なっていた。

それらを手に取り眺めるうち、その当時の空気が蘇ってきた。

中学のころ安い油絵具セットを親に買ってもらい独学で油絵を始めた。上野で観たレンブラント展

がきっかけだった。

　当時は運動部にいたせいか、自分がその展覧会で衝動的に興味をもった「油絵の世界」は「学校の美術部」という場所につながらなかった。

　最初の先生は「画集」だった。

　なぜか学校の図書館ではなく、帰宅途中によく立ち寄った本屋の画集コーナーの記憶が鮮明だ。本棚の画集背表紙に見つける「変な名前」を基準にパラパラ立ち見し、気に入った絵のディテールを記憶していった。それらを断片的に覚えて帰り、部分の残像をもとに風景画や静物画を気分次第に描いていった。

「油絵具」という発見を通して自分だけの世界に入り込んでいくことがすべてであり、「世界に一点の絵」という過剰な妄想の結果出来上がった絵を二、三歩下がって眺める瞬間の快感に浸っていた。

　いまでも部屋のドアを開けた瞬間テレピン油の匂いがフワッと漂う日常が好きだ。油絵具が乾きかけると独特の生臭さが漂うが、それは自分にとっては「そろそろ次へ向かえ」という暗黙のサインでもある。そこには目的や義務の向こう側の幸福感が常にある。

　実家で手にした遠い過去の創作物には久しく忘れていたむき出しの衝動が貼りついていた。退屈しのぎに小さな油彩シリーズを描いてみたい気分になり、キャンヴァスを多めに買い込んだ。

「退屈しのぎ」、これがときに大事な流れを生む。特別目的もなく、暇つぶしに絵を描くか、といった無責任かつ適当な気分は「作る」きっかけとして思いの外重要だ。

　早速、長らく借りっぱなしの小部屋で絵を描きはじめた。小さなキャンヴァスを前によぎったモチーフは再び「森」だ。

「森シリーズ」は数年前、ドイツ、カッセルの広大なカールスアウエ公園の森の記憶から唐突に始まった。そのきっかけは東日本大震災後の原発事故だった。

それら記憶だけを頼りに描き始めた森の油絵はサイズや描き方を変え、今年シンガポールで発表した大判リトグラフによる森で一旦終わっていた。

「極力手を加えない森？」まだ試していないそんな森を描いてみたくなった。最終的に小さな森の油彩画二十点あまりになり、大半が「余白」の絵になった。

できるだけ「描かない」ことを念頭にスタートすると、森のイメージと並行して空気を探るようなもどかしい気分が湧いた。淡い色、わずかな線そして余白、そんな森になった。

「描かないこと」は「描くこと」以上に手強いことを実感した。「森」であることはどうでもいいように思え、言葉に置き換えられない「感触」が残った。その感触がなにかこの先につながっていく手応えはあるが、それがなんなのか今の所よくわからない。


東京の実家に寄ると自分の「居場所」について漠然と考えることがある。

高校を出てからいろいろな場所に住んだからなのか、東京が「故郷」であるといった実感が希薄だ。

自分の居場所は「作る」と「収納」が中心になるため「広さ」が最優先となる。そんなことから後先あまり考えず東京から一〇〇〇キロほど西に位置する宇和島にとりあえず拠点を移し、いつのまにか長い時間が過ぎたが、やはりその場所にも定住意識はあまりない。

東京に宇和島同様の広いスペースがあったら？　と、ときどき思う。

便利で刺激的で楽しいだろうと思う一方で、「作ること」においては非常にきわどい場所でもあるといった自覚もある。

おそらくなにかと理由をつけ、毎晩街中に出てしまうだろう。無数の天国や地獄が不夜城で待ち受けている、そんな誘惑に自分を律する自信がまったくない。

宇和島には幸か不幸か行きつけの店といったものがいまだにない。

移り住んだ当初からの懇意の呑屋は一軒だけあるが、たまに行っても入口に立ち店内から賑やかな音が漏れ聞こえると、反射的に踵を返してしまう。

選択肢はひとつ、空っぽの商店街を通って家の仕事場に戻りモヤモヤと再び作業を始めることになる。

そんな日常が楽しいか？　と問われれば、都会の日常で感じる楽しさはないに等しい。しかしそんな環境から作品が生まれ、それが自分自身にとってこの上ない喜びであることは確かだ。

十数年前、宇和島のブライダルホールに歌手の浅川マキさんが一人でコンサートにやって来た。美大生のころ東京のライブハウスで何度か観て以来ずっと彼女のファンだ。

翌日から出張というタイミングで、貴重な「宇和島での浅川マキ体験」ができた。

宇和島に公演やイベントなどで著名人が来ても、終了後は空港のある松山まで移動してしまうことが多い。忙しいスケジュールを考えるとどんなに遅くなっても移動優先で、そのまま宇和島に泊まることは稀だ。

そのライブ後、浅川マキさんは意外にも一泊し、翌日短時間の宇和島観光もしたとのことだった。

たまたま乗り込んだタクシー運転手が娘の同級生の父親だったことが予期せぬ展開を生んだ。マキさんはその運転手から「宇和島にいる芸術家で……」といらぬ説明を受け、そのままこちら不在の自宅と仕事場、そしてその「芸術家が好きな場所」だからと車で二十分ほどの岬にまで連れていかれた——そんな顚末をあとで耳にした。愕然としたが、どうしようもない。

真冬の岬の突端で浅川マキさんは一体何を思ったのだろう？　岬ならまだ風情もあるが、山奥の仕事場倉庫を前にどんな心境に陥ったのだろう？

カラスの鳴き声の下、タクシーの車窓から倉庫を横目に、前日帰らなかったことへの後悔の念が一瞬こみ上げたに違いない。

ライブ当日に注文していたドキュメントビデオがしばらくして家に届いた。

パッケージ裏面には手書きで「どこに住んだって同じってことさ　浅川マキ」とあった。

「居場所」のことが頭をよぎるとき、やるせない気持ちとともに、そのとき手にしたビデオテープを思い出す。

二〇一七年一月

プリンテッド・フューチャー

仕事場隅のマップケース奥に二つ折りの紙挟みを見つけた。中には第二次大戦前後にヨーロッパで公開された映画のポスターが十枚ほど折り重なっていた。静かに一枚ずつ床に広げてみた。

ディズニー映画の他、マリリン・モンロー、ハンフリー・ボガート、ロバート・テイラー、アンソニー・クイン、ローレンス・オリビエ、マーロン・ブランドなどのハリウッド黄金期のスターやイギリスの俳優ジャック・ワーナーの名前が並んだ。

ポスター用紙は主にマット系、厚みはさまざまで染みも多く、使用済みの痕跡がある。オフセット印刷以前に普及していたリトグラフ印刷によるもので、階調は繊細で柔らかく、退色はなく鮮やかだ。映画ポスター的なデザインフォーマットは現代と大差ないが、画像の印象は「写真」というより古い看板絵タッチの「具象絵画」に近い。

B1とB3、二種類の変形サイズで、それぞれイギリスとベルギーで印刷されたことを示す小さな文字が余白に並んでいる。検印用なのかポスター端に切手大の用紙が貼られているもの、映画館の記録目的なのか上部角に切取り線が入っているものもある。

それらはすべて七〇年代末、初めてのロンドン長期滞在中によく通った一軒の店で収集したものだ。その店は映画や演劇関係の古本屋が立ち並ぶ大通り脇にあり、コミックスのキャラクターをシンプルにあしらった手描き看板につられて足を踏み入れたのが最初だった。

「サタデー・ナイト・フィーバー」のビージーズの歌声がボブ・マーリーやセックス・ピストルズと混在して街中に流れ、当時保守党党首だったマーガレット・サッチャーの名を頻繁に耳にしていたころだ。

床に広げたポスターの網点のない印刷面に触れるうち、そのころの店界隈の光景や狭い店内の様子が蘇ってきた。

欧米の様々なヴィンテージ印刷物を手にとって見ることができた店で、何度か二束三文でポスターを手に入れたこと、前後して「スクラップブック」を始めたことを思い出した。

店内の壁面は古い印刷物でびっしりとコラージュされ、世捨て人の穴倉のような印象を受けた。時代や国をまたいでエンターテインメントカルチャー全般を網羅する「プリンテッド・マター」への圧倒的な愛、そんな空気が満ちていた。

欧米のコミックスや雑誌、フットボールカード、シガレットカード、パンフレット、絵葉書、ラベル、ブロマイドや雑種の使用済みチケットや意味不明のチラシが透明袋に入れられ、詳細な手書きデータメモとともに中古レコード店仕様に並んでいた。大量の未整理物は隅にうずたかく積まれ、レジ上には高価なヴィンテージ映画ポスターが数枚留められていた。

初めて目にした一九六〇年代のモンスター系映画、特撮ＳＦ系映画のモノクロ雑誌と五〇年代のボディービル専門誌は特に大きな発見だった。

蝿男やフランケンシュタイン、ドラキュラなどのスチール写真、ボディービルダーのポーズ写真群、ブロック状にレイアウトされた子供用変装マスクやラジオ、フィルムや玩具、トレーニング器具やウェア、インチキ臭い催眠術、マジックグッズなどの広告ページのロゴタイプ、そこに付随する小さなイラストの完成度に創意が反応した。

一見分野のまったく異なるそれらの雑誌にはなぜか渋い色調の「英国的ポップ感」を感じた。それまで日本国内で経験した「極彩色調ポップ」とはまったく異なるものだった。

その店は「つくること」の方向性がまったく見えない日々をアートにつなぎとめてくれた空間で、店内にいるときは自分の存在が肯定されているような気分になれた。「貼ることと描くこと」双方へ分け隔てなく導く創作の根源が雑多な雑誌ページ上に刻印されていた。取るに足りない過去の印刷物に未来が刷られている、そんな希望が湧いた。

初渡英当初、日々の出来事を文字にする気持ちにはまったくならなかった。

異国にいるべき確固たる理由はなく、特別なことは何も起きず、時間を持て余す日々が続いた。行動を決めるのは限られた所持金であり、重要な記述は日記でなく、日々の出費額の記録が最優先だった。

スケッチと写真撮影だけが言い訳の情けなさがつきまとう日常の中、路上の「横文字」の紙クズに目を奪われた。

やがて一日の終わりに手元に残るチケットや角砂糖の包装紙などを安物のノートに貼り連ねる習慣

が生まれた。その日カバンやポケットに突っ込んだ紙クズをノート見開き左上から淡々と貼ること。文字ではなく不要の紙クズが積み重なるページに素直な気分が湧いた。

路面に散乱するさまざまな紙クズにも人の気持ちが救われること、風に舞う埃まみれの印刷物を通して見慣れた路上光景がまったく異なる世界に一変してしまうことを初めて知った。

「イギリスの印刷物」に初めて触れたのは十代で手にしたレコードジャケットだ。外ジャケットや中袋の造作仕様の違いや手触りにアメリカ盤とは異なる世界観を感じた。印刷の階調にはしっとりと濡れた色合いがあり、紙ジャケット一枚の中にも様々なお国柄や感覚が閉じ込められていることを知った。アメリカ盤にしかない「雑味」は大きな魅力だったが、イギリス盤には「職人の目玉」を感じた。どんな国を訪れても役立たずのチラシを手に取ると「ホログラフィーの小さな欠片」が頭に浮かぶ。全体を見極めることは不可能だが、掌上の微細な世界の欠片にピントを合わせると、そこに全体を包み込む「具体」が一瞬通り過ぎる。紙片の細部を眺めるほどに逆行する時間が動き出し、かつての原寸サイズの日常がうっすらと炙り出された。

マップケースから出てきたポスターは四十年ちかく折りたたまれたままだったため、印刷面のダメージはないが、折目に沿って紙がだいぶ傷んでいた。紙自体の重みで切れ目が走り、いたたまれない気持ちがこみ上げた。

早速折目の補強作業に取り掛かった。

薄い和紙を短冊状に切り、スクラップブックページ補修の要領でダメージ箇所を貼りすすめた。「あの店の空気」を自分の中につなぎとめるタイミングを探るように、作業に集中した。

一枚のポスターに他とは異なる厚みを感じた。マルレーネ・ディートリッヒ主演の映画『焰の女』（一九四一年公開）のポスターで、一九四四年にアメリカ軍部で発行されたオーストリアとドイツ国境周辺の多色刷地図が裏打ち用紙として糊づけされていた。紙に刻み続ける時間が重なったような気がした。

裏表を繰り返し眺めるうちに、その映画ポスターが大判の「ページ」に見えてきた。あのとき、これを手にした瞬間、「スクラップブック」の一ページ目がすでにスタートしていたように感じた。

二〇一七年二月

HEIGHTS IN METRES
ITALY
HUMPHR
BOGA
LES BAS-FON
DE SAN-FRANCISCO
GEORGE MACREADY · ALLENE ROBERTS · SUSAN PERRY
NICHOLAS RAY
ROBERT LORD
BILLY W
FIRST EDITIO

縁景の雀

昨年末、北風の吹きすさぶ夕刻、東京の実家近くの材木店を数十年ぶりに訪れた。

そこは小中学校を通して懇意だったＩ君の実家兼店舗で、当時自転車でよく遊びに行った思い出の場所だ。

一昨年初めて参加した小学校の同窓会でＩ君と再会し、現在も同じ地で材木店を継いでいることを知った。その折ちょうど動き始めていた実家の改築協力を申し出たことが再訪の発端だった。

すっかり様変わりした近所の街並みの中、実家の自転車でうろ覚えの記憶を頼りにＩ君の材木店を目指した。

道すがら真正面から吹きつける風に、積年の時間が全身を突き抜ける思いがした。

いまやビッシリと今風の住宅で埋めつくされた一角を通過したとき、ああ、と思った。

そこは、かつて焼丸太に鉄条網を渡した柵に囲まれた広大な空地だったエリアで、よく草野球をした場所だった。

小学生のとき、その空地を目を閉じたまま自転車に乗ってどれくらい走れるかを競い、空地脇の側

溝に頭から落ちたことが蘇り、両側の家並みが一瞬消え去ったように感じた。

路地から広めの車道に入りしばらく直進すると、薄茶色の一角が視界に入った。それは当時と同じ場所にあり続けた道路沿いの材木置場だった。

記憶と実景の予期せぬ一致に、時間を切り落としたままその場に直結したような気持ちになった。壁のように立ち並ぶ材木に立て掛けられた梯子上で作業する人物がI君だとすぐに感じた。こちらに気づき慣れた足取りで地上に降り立った彼と対峙した瞬間、時間が遠くから体温として伝わってきた。

かつて彼のお父さんがいつも座っていた事務所に通され、ぎこちなく照れくさい間で会話が始まった。

二人の子供は独立し、今はI君のお母さん奥さんと三人でそこに暮らしていた。

彼の御両親は共に徳島出身ということを当時耳にし、「四国」という場所を意識するきっかけとなったこと、またI君一家の勉強熱心で明るくサッパリとした雰囲気が印象的で、世の中の「家庭」にはいろいろな種類があることを感じたことなどが頭をよぎった。

昔と同じ佇まいの事務所内で話すうち、中学の夏休みにI君と亡き親父の三人で房総勝浦の海の家で過ごした記憶が逆光のように浮かび上がってきた。

匂いや温度、光や風、風景やノイズ、絵や音楽、日常の感触や質感、その後奇しくも自分の制作拠点となった四国という地の基盤要素をかつてI君と共有していたことがジワジワと押し寄せた。

あれからずっとこの場所で淡々と生きてきたI君が今当たり前に目の前に居ることが心地よかった。

事務所の机上に転がる鉛筆の削り方が小学校からまったく変わっていないことに気づいた。

室内の古びた木目天井模様を目で追いながら「心の形」について考えていた。

お互い長い時間を経たのちに再び生まれたI君との縁、絵にも材木にも共通する縁があると思った。

新しい年が明けると年頭に出会う何気ないモチーフから無目的に絵を描く。この数年そんな流れがある。

前年からやりかけの「作品制作」に戻っていくための助走なのかもしれない。

昨年の正月は手元にたまったいくつかの桐小箱にアフリカ各国の木像と仮面を描いた。

そうした「描き初め」は、中学のころ自分だけに向けて見よう見まね好き勝手に絵を描いていた初心が蘇る。

今年の年明けは「インド人の男の肖像画」の印刷物に惹かれ、油絵で二枚模写した。

薄く溶いたいくつかの明るめの色で「描き直し禁止ルール」の一筆書きの要領で一気に描き終えた。

同じ印刷物からまったく表情の異なる二人のインド人の男が現れた。一瞬、描き直してしまった一枚は腹黒い中年の男に見えた。

ひとしきりの「描き初め」のあと、昨年秋口からなかなか完成しない作品の続きに取りかかった。

「貼り」主体の新作と高さ一メートルほどの立体物が現在制作中の二点だ。

「貼り作品」の工程は単純作業の繰り返しだが、ルーティン的に完成に至ることはまずない。日々のノルマに従って機械的に事が進めば効率的だが、ノリというのか「無意識の好奇心」が持続しないと作業は自ずと停滞していく。

制作中に完成形がチラつき出すのはその前兆だ。「わかった」という意識を感じたら一旦やめて画面の記憶を頭から締め出す。

対処法はしばらくの放置、作りたいという気持ちが自然と心の中に頭をもたげるタイミングを待つしかない。

一方の「立体作品」は一昨年制作したものの展開バージョンだ。

前回実現出来なかった「なんらかの音装置」を加えたいと思っている。

「電気」を要する作品は最終構造を極力シンプルに組むことが鍵だ。

単純かつ最大の効果を生むパーツ作成にはマニュアルがない。自分自身が作品に求めるのは「正解」ではなく新たな「疑問の視点」だ。「コレも成り立つのではないか？」という意図を超えた問いが作品と当たり前に一体化していること、そんな作品に出会うときの喜びは大きい。

「なんらかの音装置」にはおそらく素材同士の「縁」が関係している。かつて作った「エレキギター」と「コピー機用回転モーター」との出会いによる音装置のようなことだ。

発見のキッカケはポジティブで無責任な思いつきの中に隠れていることが多い。それは、大失敗からの予期せぬ筋道に似ている。

「コンセプト」は重要だが常に一期一会であるべきという思いが強い。

「答え」を至近距離に感じつつなんとか近づこうとしているときに事故発生的に生じる「形」、そこに可能性が隠れている。そのプロセスに意図は無力だ。

六十九冊目のスクラップブック見開き全面に薄めた緋色の水性インクを塗り、乾燥待ちがてら散歩に出た。

澄みわたる蒼天井の遥か彼方にトンビのつがいがゆったりのったり曲線を描いていた。川沿いに立ち並ぶ桜樹に午後の柔らかな陽がマダラ模様に射していた。その黒ずんだ幹周りに貼りつく黄色い陽射しに川の流水音が静かに重なる。葉裏の虫を探しているのか、太い根元に雀の群れが枯葉をつつきながらチュンチュン跳ねまわっている。足元を心地よさが通り過ぎ、「縁景」という言葉が浮かんだ。

二〇一七年三月

刷りもんの轟音

数年前に起業した若い出版社から本制作の依頼があった。絵や写真を中心に一冊ごとにテーマを変えつつ継続的に出したいという今時ない企画、実現に向けて最善を尽くしたいと思った。

世の中デジタル化が一気に進み、オフセット印刷による作品集制作の機会は激減した。展覧会場の規模にかかわらず、かつて「個展」にとって必須アイテムだったオフセット印刷によるＤＭやカタログ制作は稀になった。

以前は展覧会期が決まると冊子やチラシの打合せになり、印刷担当者から様々な術の教示を受ける至福があった。

オフセット印刷時代に工場で耳にした「刷りもん」（印刷物）といった業界言葉も最近は聞くことがなく、その言葉の持つ「気配」は紙上から見えない別世界へ移行中だ。

データ化に可能性を見出す一方で、主情報以外無用として物事のディテールが無神経に切り捨てられていくような恐怖も感じる。

これまでずっと「不必要」から多大な刺激を受けてきた身としては、日々のやりとりの中でさえ面食らうことも多い。

小説等文字主体の書籍以上に、写真集や作品集もディスプレイモニターを通して鑑賞する時代へと加速度的に進んでいる。デジタル化による様々な変化や、それに伴う印刷事情は世界共通の状況に違いない。

海外で開催されるアートイベント会場内の本屋では、少部数の手作りアート本と並び、コーヒーテーブルブックと称されるオフセット印刷によるハードカバー大型画集に出会う。複数の大きな新刊作品集が平積みされた光景は以前に増して圧巻だ。

国内では、制作費がかかり商売に不向きな厄介者扱いのアート本制作からの撤退を時代の流れとする向きが強いが、それは日本国内での特殊事情でもあることを強く肝に銘じないと本作りの可能性を見誤る。

美大に通っていた七〇年代末期、モノクロコピー仕様の「手作り本」に熱中していた。「商品」としてではなく、気に入ってくれそうな友達に手渡すことが主な目的だった。

絵や写真、手書き文字で組んだシートからモノクロコピーを取り、カットして、ホッチキスで留め束ねた「手作り本モドキ」といった方が近い。非現実的な「全ページ・オールカラー印刷」の先に行き着いた方法は一ページずつ手で色を塗ることだった。

そのころ業界で普通紙へのカラーコピーが普及し始めた。

これを使えれば「プロのような雑誌」を一人で作ることができる、明治時代の人工着色に遠く及ばない手塗り作業を繰り返す身にとって、それは大きな衝撃であり希望となった。A3サイズ一枚で数百円と高額のため、カラーコピー使用は表紙のみ、中ページは手塗りといった体裁がしばらく続いた。ある日、カラーコピーモニター募集を耳にした。アンケート協力への見返りとして、機器の並ぶ部屋で指定日の一時間あまり、自由にカラーコピー機が使えるようになった。

制限時間内は恍惚状態でカラーコピーを取りに取りまくった。魔法の機械に触れている感覚だった。色の再現やクォリティーなどはどうでもよかった。ズレようがブレようが破けていようが、出てきた「元祖刷りもん」はすべて持ち帰った。

その興奮の裏には、当時行き来を繰り返したロンドンのレコードショップ店頭光景の影響が大きく関わっていたことを今さらながら思う。

七〇年代後半、滞在したロンドンのレコードショップには、モノクロコピーをホッチキスで留めただけの持ち込み雑誌やチラシが入口風景を飾っていた。大半が無料の情報誌でコピー仕様であることが、当時のロンドンの空気を醸し出していた。

パンク、ポスト・パンク、ニューウェーブと七〇年代中頃からの音楽やレゲエ、ディスコ音楽であふれていたそんな店先で、初めて「ファンジン（ファン＋マガジン）」という言葉を耳にした。

当時「モノクロコピー機」と「ホッチキス」は音楽動向の水面下でパンク精神にシンクロする武器的な役割を果たしていた。

今思えば、金欠状況の無名バンドがタダで配る「ファンジン」にド素人のありったけの情熱をかけていた根性に感動すら覚える。

滞在時に手に入れた小さなファンジンが一冊手元に残っている。

七七年にロンドンで結成された元祖ガールズ・ポストパンクバンド「ザ・レインコーツ」の二〇ペンスで売られていたプロモーション用ポケットサイズのブックレットだ。スリッツやクリネックスといった、当時まだ目新しかったガールズバンドがそれぞれ唯一無二の強烈な輝きを放っていたころだ。

ブックレットはA7サイズ全三二ページ。モノクロコピーで、カバーのみヨモギ色の厚紙中綴じ製本。内容は手書きやタイプ文字によるテキストや写真、イラスト、歌詞などがメンバーによるデザインで濃厚にかつ巧みにレイアウトされている。

手に取った瞬間「ヤラれた感」に襲われた。路上で数人の女どもに取り囲まれ、頭突きを数発くらったあとでしたたる鼻血を手の甲でぬぐうかの思いがした。

その小さなコピーブックレットは「方法論」の重力にひょうひょうと逆らうように遥か上空に浮かんでいた。

その後、八〇年代半ばにオフセット印刷による初めての画集制作を経験した。

初めて足を踏み入れた印刷工場では、壁際に点々と並ぶ大きなゴミ箱が気になった。無造作に捨てられたインクに濡れる廃棄用紙（ヤレ）が放つ「刷りもんオーラ」に、作品に関わる前兆を強く感じた。

用紙には輪転機用ドラムのインク量を調整するために何度も輪転機をくぐった結果の不思議な「絵」がすでに完成していた。

目にした瞬間、原画再現にこだわる思いが混乱し、何を差し置いてもそれらを救い出さなければならない、そんな心境に陥った。

ヤレには自分自身が絶対にたどり着けない驚きと発見が刷り込まれていた。高速回転する目の前の

鉄の塊がふてぶてしいパンク野郎に見えた。

汚れや版ズレ、破れた印刷物を一瞬で大量に生み出す「印刷機」という怪物アーティストに狂喜し、ヤレ束を持ち帰り、興奮状態でスクラップブックに貼り込む流れが生まれた。


昨今、若い世代による「ジン」作りが盛んらしい。安価なデジタルインクジェットプリンターの出現は「手作りカラー雑誌」制作への垣根を一気に取り去った。

印刷のクォリティーや退色等の課題はあるにせよ、個人の好きなテーマで雑誌を作れるようになった状況は奇跡に近い。機器の発達による「ジン」ブームとアート本に対するネガティブな国内出版状況がシンクロしている。

大昔に手に入れたザ・レインコーツのブックレットを眺めていると、初めて訪れた印刷工場での強烈なインク臭が蘇り、印刷機の轟音が遠くで鳴り始める。

モノクロコピーの「ファンジン」からデジタル出力による「ジン」まで自分の中に過ぎ去った四十年、今自分はどんな「ジン」を作る？　やっと「今」が来たように思った。

二〇一七年四月

島とジュークボックス

先日「音楽特集」の雑誌取材を受けた。

「ありきたりな音楽ジャンル」とは異なるテーマを想定して曲を選んでほしい、そんな趣旨だった。個人的に気になるテーマで選曲リストを作ればいいのだろうと軽い気持ちで引き受けた。

なかなか定まらない「テーマ」について考えるうち、かつて瀬戸内海に浮かぶ香川県直島で開催された展覧会で、中古のジュークボックスを展示に組み込んだことをふと思い出した。

「島」と「ジュークボックス」の組み合わせに再び気持ちが反応し、「島に置いてきたジュークボックス」というジャンルに行き着いた。どこかの島にジュークボックスを置くとしたら今どんな曲をセットするのか？　じわじわと頭の中で楽曲が鳴り始めた。

二〇〇一年秋、瀬戸内の香川県直島で開催された「スタンダード」展に「落合商店」と題した作品で参加した。島内に点在する家屋や空き家、施設を展示会場とした十三名の作家によるグループ展だった。

直島が「アートの島」と認知される以前に開催され、約三カ月の会期中一万人あまりの来場者があ

り驚いた記憶がある。現在は世界中から年間四十万人以上が訪れる直島だが、当時はその動員数でも十分前向きになれた。

すでに廃業していた日用品雑貨店舗「落合商店」は直島の表玄関口である宮浦港近くの裏路地の四つ角にあった。島の奥に向かう路地に沿って建つ二階屋の細長い木造建築で、一階手前が商店、奥に店主の座る四畳半ほどの座敷があった。

入口左手の四つ角に立つと港に入る船の様子が窺え、設置中の晩夏、夕方になると心地よい海風が通った。

前もって展示候補地として案内された「落合商店」内に初めて足を踏み入れたとき、自分の記憶に立ち会っているかのような既視感を覚えた。

廃業日当日から手付かずの商品が放置されたままのような店舗内部に佇むうち、この場所に新たな「気配」を作れないか？　そんな思いが湧き、それが制作動機となっていった。

かつて、島に通う就労者は夕刻の最終フェリー出航時刻を気にかけつつ店舗入口近くに置かれた幅広の縁台に座りビールを飲みながら和んでいた——島の住人からそんな話を聞くうちに、往年の店主を思い浮かべ作品全体のイメージを探っていった。

極力内部の雰囲気を変えず、棚やケースに放置されたままの雑多な商品の間に、絵画、彫刻、スクラップブック、ネオン作品、植物、オブジェ、印刷物やカレンダー、改造エレキギター、海外の雑誌や新聞、造花、ドア、缶バッジ販売機などを組み込んでいった。

奥座敷のコタツ上に黒い電話機を見つけ、電話番号を復活し再利用できるようにした。

展示作業中、確認目的で鳴らした電話の呼び出し音に、居合わせた人々が思いの外強く反応することに興味が湧いた。その音が島の記憶を今に引き寄せているように感じ、聞きなれた呼び出し音が「島の音楽」のように思えてきた。

結果、店内にジュークボックスを設置することにし、大阪の業者から六〇年代製の小さな中古ジュークボックスを届けてもらった。

蛍光灯で照らし出されるオレンジ色のサイケ調パターンが製造当時の時代を色濃く醸し出し、全体イメージによりメリハリをもたらした。

ジュークボックスのレコード盤セット上限枚数はシングル盤六十枚（裏表両面で計百二十曲）、「島」と「曲」を重ね合わせ「近未来的な静謐な風景」をイメージしつつ和洋ジャンル問わずに選んだ盤を組み、入口脇に設置した。

店主不在の場に鳴り続ける電話呼び出し音、状況に応じて偶発的に鳴る「楽曲」が時折交錯し、その度に「時間」の気配が一瞬流れるように感じた。音による「現在」と「過去」が島の記憶に連なっていくように思えた。

使用したジュークボックスを眺め、簡潔さの強度、情報量と無駄を省いた構造による機能美、機械と人のイマジネーションのバランス、そしてユーモアといったことを改めて感じた。限られた期間に「島」という場が触媒となり、シングル盤の曲にまつわる人それぞれの心象風景が新たなゆったりとした記憶を作り出していたようにも思えた。

三月初旬、高松、直島、豊島に立ち寄った。

高松港にはまだ冷たい海風が吹きつけていたが海面を射す陽には間近な春が揺らいでいた。半月も経てば瀬戸内の島々に桜色が点々と広がっていく。

フェリー出航までの空き時間、紹介された本屋を目指して港沿いを倉庫エリアに向かって歩いた。しばらくして木造小学校校舎を丸ごと錆びトタンで覆ったような無国籍風の建物が前方に見えた。小さな本屋はその二階にあった。

古書や写真集が小物古道具類と同居する心地よい空間で、ギャラリースペースがつながっていた。終了間際の展示を見るためギャラリーに入った。

天井から床まで小さな矩形の紙札のようなものが四方の壁をビッシリと埋めつくしていた。最初は空間全体に白を感じたが、紙札一点ずつすべて異なる色が不規則に複雑に散っていることに気づいた。淡い光の中に立っているように感じた。

近づくとそれらがなんらかの処理を施された写真プリントの集合であることがわかった。乱雑に無目的にプリント表面の乳剤が溶け落ち、画像の大半に具体的な形を見つけることが難しい。一瞬、現代美術作家によるインスタレーション作品なのかと思った。

目が慣れるうちそれら一点一点すべてが美しく思えてきた。プリント表面の大半が流れ落ち画像が消えてほとんど真っ白になってしまった写真群に特別な感動を覚えた。かすかな具象形を染み込ませたままの無数の網膜断片の集結場で身体が宙に浮いているような感覚を覚えた。

それらが東日本大震災の際に津波で流され、瓦礫から救い出された家族写真であることを聞き愕然とした。

瓦礫撤去作業がひと段落すると写真回収の動きが自然に始まり、回収された膨大な数の写真はボランティアの手で洗浄、データ化されていった。極力所有者の元に戻す動きの中、損傷が激しく行き場を失った膨大な数の写真を廃棄することなく展覧会として公開するプロジェクトが立ち上がった、会場内に置かれたチラシにはそんな経緯が記されていた。

奇しくもその日は震災からちょうど六年目の三月十一日、その日その展覧会に出会えたこと、その場を作り上げた人々の思いに感謝すると同時に、言葉が見つからないまま本屋を後にした。

高松港から直島に向け出航し、右手に女木島が近づいてきた。青空背景の女木島のてっぺんに小さく展望台が見えた。

六年前の春、東日本大震災直後に初めて訪れた女木島で地元の方に展望台に案内され、三六〇度見渡した瀬戸内の満開の大パノラマ桜景を思い浮かべた。

原発事故以来、東京で感じていた重苦しくやり場のない気持ちがあのときあのてっぺんから眺めた桜で嘘のように吹き飛んでいた。

波間に眩しい水しぶきが飛び散り「芸術」の二文字が浮かんだ。時折中古ジュークボックスも浮かんでは消えた。

島とジュークボックスはすごく似ていると思った。

二〇一七年五月

路上のヨソ者

桜の咲き始めるころ、一週間ほどイギリス、フランスに行った。

目的地はマンチェスター、ロンドン、パリの三都市、強行日程だったが予期せぬ旧友との再会もあり、とても刺激的な滞在となった。

昨年春に参加したロンドンでのグループ写真展が、同年末からマンチェスターへ巡回することとなり、この機会に以前から興味のあったその地を訪れてみたいと思っていた。

ロンドンから約二九〇キロ、イングランド北西部の都市「マンチェスター」という地名を意識し始めたのは、一九六八年メキシコオリンピックでサッカー日本代表チームが三位入賞を果たした中学生のころだった。

当時、東京12チャンネル／現テレビ東京で放映開始した第一期「三菱ダイヤモンドサッカー」という番組を通じ、イングランド一部リーグ／現プレミアリーグの存在を知った。

独学で遊び始めた油絵のモチーフに雑誌で見つけた写真からサッカー選手やミュージシャンを描き始めたのもそのころだ。

毎週末のそのサッカー番組は単にフットボール／サッカーという「スポーツ」にとどまらず、当時の日本に英国の空気を届けていた。

サッカー発祥の地とされるイングランドにはマンチェスター・ユナイテッド、アーセナル、チェルシー、リバプール、トッテナム・ホットスパー等、数多くの歴史ある名門プロサッカーチームがあることがわかるにつれ、次第にジョージ・ベスト、デニス・ロー、チャールトン兄弟、ボビー・ムーア、ブライアン・キッド、ゴードン・バンクスといったスター選手の名前がロックミュージシャン同様のテイストを帯び始めた。「スポーツ」と「音楽」に共通する何かが自分の中の「絵」に接近し始めた。

中でも「五人目のビートル」と称されたマンチェスター・ユナイテッドのジョージ・ベストは華麗な足技やファッションセンスに加え、日常での破天荒な放蕩ぶりも伝わり、「スポーツ選手」を超えたカリスマ的な存在感を放っていた。

「スポーツ」といえど、その数年前に開催された「東京オリンピック」から感じたものとはまったく異なる世界との出会いだった。

ビートルズが世界の頂点を極めていた同時期、日本では「マンチェスターとリヴァプール」（ピンキーとフェラス）という洋楽曲が大ヒットした。当時、物憂げで切ない旋律の郷愁溢れる洋楽ヒット曲が数多く生まれたが、その曲には「曇り空」「埃っぽさ」といった印象が心に残った。

いつの間にか頭の中の「マンチェスター」と「リバプール」は、「サッカーと音楽の街」を超えて、熱狂やノイズ、イマジネーションが折り重なる妄想都市に変化していった。

今回マンチェスターは日帰りで、念願の試合観戦は叶わなかったが、二〇一二年にオープンしたナショナル・フットボール・ミュージアムに少し寄ることができた。

真新しいモダン建築の外観は好みではなかったが、入口前の敷石間に点々と埋め込まれた往年のスター選手のポートレイト金属板を見つけた途端、気分はストンと中学生に戻っていた。

館内にはカップ、トロフィー、エンブレム、ボールやシューズ、ユニフォームといったファン垂涎の歴史的展示物が並んでいた。

かつてパブの片隅にでも置かれていたのか、大きな古い木箱のようなサッカーゲーム機の佇まいにむき出しの英国気質を感じた。

国や時代を問わず公認されたモノより庶民が勝手に作ったまがいモノに反射的に興味がそそられるのはなぜだろうと思った。そこにはアートの本質も通じているように感じた。

参加中の巡回展は「英国人以外の視点による英国一九三〇年代から現在までの風景」といったテーマで、二十三名の作家による比較的大きな写真展だ。

昨年のロンドン展同様、一九七七年に初めて渡英滞在した際の写真やスクラップブックなど計百八十点ほどを出品している。

会場中程に見つけた自分用のコの字型展示ブースにいると中年の男女数人が賑やかな雰囲気で入ってきた。会話の様子からイギリス人の集団らしきことがうかがえた。

自分が撮った写真に対する現地の反応が気になり、恐る恐る集団の背後から様子を観察した。予想以上に時間をかけて一点ずつ丁寧に見る表情は柔らかく、安堵した。ときどき写真のディテールを指差し笑っている。

「鑑賞」に「勉強心」が伴う日本の会場ではあまり見かけない反応が新鮮に映った。

写された路上の広告看板、当時の服装や車種、電話ボックスや牛乳瓶の形といった日常で普通に目にしているはずの物事に反応しているように思えた。

どこであれ自分のいる場所に慣れるにつれ、「見る」ことへの好奇心は変化していく。住人ともなれば人間関係に気持ちが働き始め、素の目玉にフィルターがかかってくる。

なんでもないものに遭遇し、反射的な好奇心から写真を撮ろうとするのは大方「ヨソ者」だ。この展覧会の趣旨は「英国人以外の見た英国」、いいかえるなら「ヨソ者視点の歴史」に違いない。同じ場所に住みながらヨソ者の視点を持ち続けることは簡単なようで、かなり難しい。

彼らの背中を見ているうち、以前ロンドンから来日した友人デザイナーと真夏に新宿の坂道を二人で歩いていたことを思い出した。当時彼の主な仕事は専属レーベルのアナログレコードジャケットのデザインだった。

友人は交差点手前の坂道途中で突然立ち止まった。

そのスポットは長年見慣れた信号手前の坂道だった。彼は無表情にカメラを取り出し、自分自身の濃い影を避けながら淡々とアスファルトの路面を撮影し始めた。

足元には車両滑り止め用の直径一五センチ程の円型の凹みが三メートル四方に規則正しく並んでいた。友人は撮影し終えると「Very interesting, beautiful!」と笑った。日本で最高の絶景に出会ったような表情だった。

改めて見下ろす路上は数分前とまったく違って見えた。路面が新種の絵画に思えてきた。それまで幾度となく「見た」つもりでいた坂道だが、自分は何も見ていなかったことに初めて気づいた。「新しさ」は常に足元にある、「見ること」の本質をロンドンのヨソ者に突きつけられた思いがした。

快晴の晩にマンチェスターからロンドンに戻り、街灯が灯る薄明るい路を歩いた。陽の長いヨーロッパの夜、まだ青色が広がる空と住宅の影の対比に、いつもあの有名なマグリットの絵画が浮かぶ。暮れ出した住宅街の通り沿いに濃い紅色の花をつけた八重桜並木が見えた。

今年が初渡英からちょうど四十年だとふと気づき愕然とした。

当時街中を走る赤い二階建てバスの屋根と黒いキャブは丸味を帯びていた。

あれから時はあっという間に過ぎ去り、結局自分は一歩でも先に進むことができたのか。初心を通すための道のりの遠さ、またそのあまりの届かなさに唖然とした。

この「四十年間」に貼りついていたのは「路上」の二文字だったのかもしれない、真夏の坂道に落ちる樹影が浮かんだ。

二〇一七年六月

メダカと木炭画

小説単行本のカバーに昔の木炭画が使われた。空っぽの路上と街灯の夜景写真を元に描いたモノクロの絵だ。

一九八九年、北アメリカで始めたシリーズ二十九点中の一点で、帰国後一気に仕上げた記憶がある。生活の拠点を東京から宇和島に移して間もないころでもあり、日常の流れが大きく変化し始めた時期と重なる。

東京では実現不可能なこと、今ここでしかできないことを考え、木炭画の制作と並行して隣町の造船所で繊維強化プラスチック製の大きな立体物を作りはじめたのもそのころだ。

川沿いの資材置き場用倉庫、湿気、熱気、苔、土間の土埃、天井にブラ下がるクレーン、カビ、壁の間に住みつく正体不明の哺乳類動物による毎夜の爪音、蛇の抜け殻、マムシ、アブの羽音、コウモリ、女郎蜘蛛の巣、夜露、風、闇、川の音……入り混じる当時の記憶の断片が「都会」をテーマに描いたアメリカシリーズの木炭画に重なる。

シリーズは過去に一度展示されたきりで、届いた新刊本を手に、絵が初めて報われたようにも感じた。

写真や印刷物を元に木炭画を描き始めたのは八〇年代初頭だ。美大受験用の定番素材を使って作品を作ろうと思ったのがきっかけだった。

一九八三年の秋、初めてケニヤのナイロビを訪れた。帰国後、現地で手に入れた古雑誌と紙製の写真台紙から木炭画とフレームを描き起こし、それらを組んだ作品を十点ほど作った。以後不定期に木炭による作品作りは続いている。

「気分」というと曖昧で伝わりにくいが「木炭画の気分」としかいえない感覚がある。油絵や水彩、インク、パステル、コンテ、色鉛筆や鉛筆でなく「木炭で今」といった気分とタイミング、そんな瞬間が不意に訪れることは確かだ。

そうした折に描いてきた木炭画は内面にいつも共通の「静寂場」を残した。

木炭画を描くために写真や印刷物を探すことはなく、また自分で撮影した写真がきっかけになることもない。「描く」べき写真印刷物を見つけると、とりあえず切り抜いて壁の透明袋に放り込んでおく。

三十年近く放置したままのものを含め数十枚ほど溜まっているが、そこから完成した木炭画はあまり多くはない。

木炭画を描くことの現実的な目的は特にない。木炭画に置き換えることでしか済まない内側の「今」のようなもの、それが不意に浮上したときが描くタイミングなのだろう。

「明解な形ではない具象物」と木炭画、無心に至る心の感触、「初心」に添う快感、それらが自分の中の「木炭」という素材と交差する。

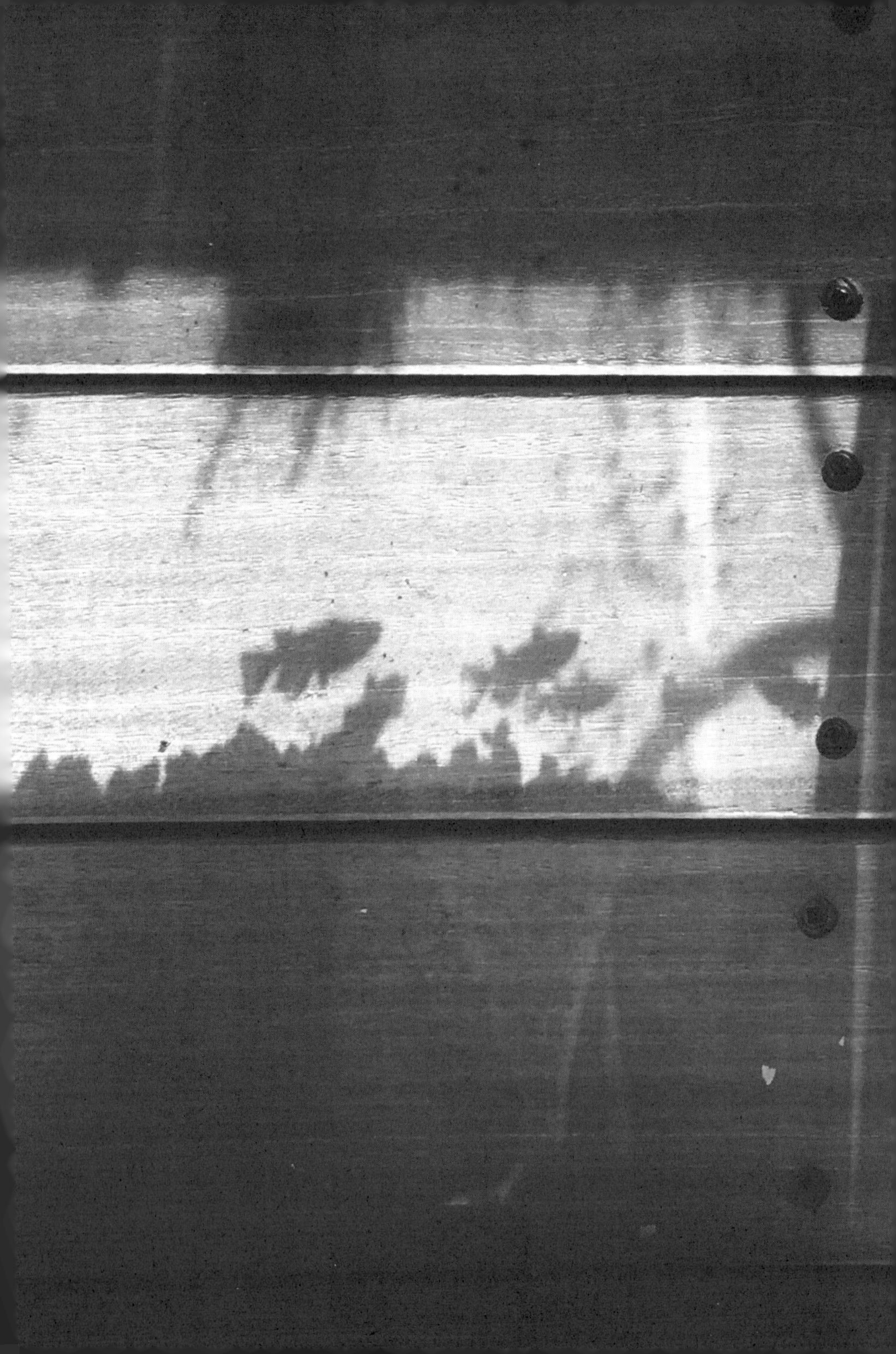

昨年末、仕事場の壁に貼ったままの雑誌ページに木炭画スイッチが入った。「ジャングル野営地で捕獲直後のマウンテンゴリラと現地人との2ショット」といった古びた記念写真がB4ほどのクリーム色の紙に濃青一色で刷られたページだった。十年間は壁に晒してあったこともありモノトーンの色調は大分あせていた。

そのページ写真を見ながら、過去にも襲撃や捕獲といった出来事と絡む「野生動物」を木炭で描いたことを思い出した。被写体を問わず「突発事故的要素」「特殊な時間の流れ」「不確実性」「不穏さ」「既視感」といった要素が共通しているように感じた。

作業の合間、気分転換に散歩中立ち寄った地元の「道の駅」野菜売り場の一角にメダカの入った透明水袋を見つけた。娘らが子供のころ、庭の水槽でメダカと石亀を飼っていたことを思い出した。臨時のペットコーナーなのか、ホウレン草やみかん、地酒やお菓子などと並んでナマズやドジョウも売られていた。何気なくまた飼いたくなってきた。

メダカ以外にしてみようと一瞬ナマズに気持ちが動いたが、肉食性で金魚を餌に体長五〇センチくらいになると聞き、断念した。結局、数匹入りメダカ二種二袋を購入し帰宅した。

放置していた苔まみれの水槽を洗って水を張り、間をおいてからドボドボと二種のメダカを流し込んだ。至近距離で見るメダカの動きは飽きることがなく、適当に餌をやりはじめ、またメダカとの付き合いが始まった。

それらを眺めるうち、かつての台風一過の光景が浮かんだ。自宅に小さな池を作った十数年前のことだ。

知人から自宅のベランダをメダカ飼育場にしている有名なメダカ博士を紹介された。その人は毎年地元の小学校に生まれたてのメダカを無償で納めることを大きな喜びとしていた。

池をきっかけに博士を訪ねた。突然の訪問にもかかわらず丁寧な説明を受け、帰り際に三種類のメダカ数匹ずつと卵をいただいた。

「純血」にこだわる博士の教えに従い、種類別三、孵化用一と四つの水槽を池脇に並べ、メダカ観察の日々が始まった。

孵化後の稚魚の成長に合わせて、種類別の水槽を増やすあたりから、少しずつ気が重くなっていった。

ざっくり「メダカ」一括りでいいだろう？　ウチは混血ＯＫで行きたい、といった葛藤が生じた。

そんな複雑な思いを抱えたまま、メダカとのつきあいにも慣れたころ、秋口に台風が来た。

翌朝、自宅の池の縁に並べてあった大小の水槽がすべてひっくり返っていた。それまで複数の水槽に丹念に分けていた多種メダカの親子は、一晩で有無を言わさず池の金魚と同居の身となっていた。

台風一過の快晴の空の下、メダカと金魚が一緒に泳ぎ回るキラめく水面に救われる思いがした。ざっくり「メダカ」がいい、改めてそう思った。

今春、桜が散り始めるころ、水槽に浮かべた水草の根に連なる透明の卵を見つけた。

以前メダカ博士から産卵場用にと椰子の樹皮を輪状に編んだものをいくつかもらったことを思い出した。孵化後に親メダカの餌食にならないよう卵は分ける必要があるため、茶色い椰子の輪に卵を見つけると孵化用の水槽に放り込んでいった。

陽気とともに産卵は活発になっていった。日々数十個の卵が産まれ、一日の始まりは卵の仕分けが基本となった。

しばらくして水面であがく小虫に似た動きの先に子メダカを見つけた。とりあえず一匹孵化に成功したことに心が躍った。

体長五ミリほどの稚魚は水量と全身全霊で格闘するようにピンピンカクカクと機敏に移動していた。孵化は加速し、拡大版精子のような形状の稚魚が活発に動き回るようになった。

季節は梅雨時へと向かい、孵化の勢いは止まらない。

真上から覗く水槽は緑色の四角い宇宙のようだ。小刻みに揺れる水面に目を近づけると、自分の頭上からも巨大な目玉が迫ってくるような感覚を覚える。

翌朝出会う新生メダカのことを考えると心がザワつくのはなぜだろうと思った。

今日存在しないものが明日生まれる事実に意味もなく悦びを感じること、それは絵にも似ている。

メダカと木炭画の自分にとっての共通項は「初心」なのかもしれないと思った。

二〇一七年七月

ジオラマ仁義

半月ほどをかけて、デンマーク、スイス、ドイツ内の六都市を訪れた。

二〇一七年は「日本・デンマーク外交関係樹立百五十周年」にあたり両国で様々な催しが行われている。

百五十年前というとまさに幕末、エドゥアルド・スエンソンというデンマーク人の若者がフランス海軍士官として日本に一年ほど滞在し『江戸幕末滞在記』を記していたことを初めて知った。「デンマーク」と聞き、すぐに思い浮かぶのはパイプ工芸家ミッケ、人魚姫像、かろうじてアンデルセンの名前といった程度の不勉強の極み。一九九〇年に北欧巡回グループ展に参加したが、訪れる機会はこれまでなかった。

そんな自分がなぜにと思ったが、デンマークでのシンポジウムにお招きいただいた。首都コペンハーゲンとデンマーク第二の都市オーフスの会場で二回話すことが役割だった。

シンポジウムのテーマは「自然、アート、建築、地域振興を学び合う」。建築に添う内容のシンポジウムは気が引けたが、与えられたテーマは「瀬戸内の島々で制作してきた五カ所の作品について」

ということでありがたくお受けした。結果は反省しきりだが、初めての地で普段馴染みのない分野の話をじっくり聴けたことは貴重な体験となった。

デンマークでのシンポジウムと時期を同じくして、ドイツのカッセルとミュンスターで国際アート展が始まることを知り、寄ることにした。

自分自身は積極的に世界のアート展を見て歩くタイプではまったくないが、五年前、ドクメンタの開催地カッセルで二カ月ほど滞在制作して以来、音信不通だった当時の助っ人と再会するという期待もあった。

今年は二年毎に行われるヴェネチア・ビエンナーレ、五年毎のドクメンタ、十年毎のミュンスターでの彫刻プロジェクトが重なり、美術関係者や熱心なアートファンにとっては十年に一度の特別な年に違いない。

以前参加した十三回目のドクメンタでは他国で作品素材となる「廃棄物（ゴミ）」をいかに手にするか、滞在制作中の現地でいろいろと考えさせられた。

以来、海外各地を訪れると、「アート状況」以上にそこに暮らす人々の生活環境や路上事情により興味を持つようになった。

自分自身の作品作りにはまず「拾い物との出会い」が必須だが、限られた制作期間内にそれらに適切に対処してくれる「人物との出会い」が重要な鍵となる。

現地協力者に作品意図を伝え、そのイメージを具体的に共有しつつ必要なパーツ（素材）を手元に揃えていく、その工程は完成まで繰り返される。

たとえば「ボロボロの鉄製ドア」が欲しいという思いをどう伝えるのか？　こちらが思い描く「ボロボロ」を共有するのは簡単なようで手強い。そこを曖昧なままにスタートすると結果は大きく違うものに向かっていく。

どんなに説明を尽くしても「伝わらない」ときのもどかしさ。たとえ伝わってもそれがどこにあるのか？　誰を通じて入手の話をつけるのか？　素材の大半は店舗で購入できるものでないため、「運」と制作協力者の「人間力」が大きく左右する。

前回カッセルの地で二カ月以上毎日制作を手伝ってくれることになったドイツ人は豊富な設営経験があり、一徹なプライドとポリシーを持つ人物だった。

会って早々「オレは基本的にアーティストが嫌いだ」と言われたが、そこには欧米社会での労働者とアーティストの一筋縄ではいかない関係や事情が見え隠れした。初対面のハノーファー出身のドイツ人の信用をどう得るのか？　滞在制作はいつもそこから始まる。

コペンハーゲンから最初に向かったのはドイツ北西部人口約三十万人の都市ミュンスター。旧市街にはゴチック建築様式の大聖堂をはじめ歴史的な建造物も多く、大学街としても知られる。

一九七七年にこの地で始まった十年に一度の「彫刻プロジェクト」は今年五回目を迎えた。カッセルのドクメンタ展同様に開催年には点在する彫刻や様々な企画で街全体が一変し、世界中からの人々で活気を取り戻す。

町外れのホテル周辺は中心部とは大きく異なり人気も少なかった。七〇年代アメリカ映画と東欧産ＳＦシネマのセットをシャッフルしたような殺伐とした「近未来」を感じた。

廃線となった鉄道レールが撤去されないままに路面にのび、遠景の運河沿いの倉庫脇に巨大なクレーンの影が見えた。

そのてっぺんを見つつ歩みを進め、運河の対岸から青空にのびるクレーンを見上げた。折れた首を垂れたまま古代から立ち続ける「巨大メカニック恐竜」といった体の迫力を放っていた。誰かの作品だとちょっとヘコむなぁとしばらく見とれた。

廃線レール、運河、倉庫、巨大クレーンの織りなす偶然の光景の妙に「偶景」という言葉が浮かんだ。意図や時間を超えて目の前に広がる「偶景」は自分の中のちっぽけな「彫刻の意味」を静かに挑発してきた。

街中で、強烈な「密度」を放つ店先を通り過ぎた瞬間、ここは自分の場所だと感じた。

鉄道ジオラマ関連の中古店だった。列車や線路、家屋などの模型が山積みになった光景が開けっ放しの入口から飛び込んできた。

店内に足を踏み入れると、複数のマニアックな視線を一斉に浴び、場違いなエリアに踏み込んだようにも感じた。

模型列車が折り重なるガラスケースの上には様々なスケールのプラスチック製建物模型が雑然と積まれていた。店の放つ強烈な磁場がグシャッと紙が丸まるように縮小した宇宙を一瞬で引き寄せたように感じた。

鼓動が速まり、あっけなく先を越されたような焦りが湧いた。地元マニア連の視線にひるむわけにはいかない、ここはオレの場所でもあるといった思いもこみ上げた。

一個五ユーロ均一。一気に気持ちに火がついた。

給水塔や列車倉庫、電波塔や信号機、火災消火後を模したドイツ風三階建て住宅など気になる模型を次々に手にしていった。

狭い通路にドイツ顔の金髪の少年が立っていた。そばに七十がらみの店主と話し込む父親らしき人物の背中が見えた。

すれ違いざま、少年に笑顔で挨拶するが視線を合わせようとしない。

少年の背後にはいくつかの模型やレール、何両かの列車が整然と並んでいるのが見えた。熟考の末に限られた小遣いに照らし合わせ選び抜かれたものに違いない。

見せてもらおうとすると、少年は身体を張って無言で拒否し、睨みつけてきた。少年にとっての聖地でとんでもない非礼を働いてしまった気まずさが残った。

店主からそれぞれの模型の時代背景の丁寧な説明を受け、使用済みショッピングバッグに詰め込まれた模型を手に店をあとにした。

しばらくして少年の厳しい表情がジワジワと浮かんできた。

まず自分が手に入れようとした模型を見てもらい、彼の欲しい物と重ならないか、そっと窺うのが仁義だったように感じた。

偶景の中の巨大クレーンをその少年と一緒に見てみたくなった。

二〇一七年八月

階級と湿気

スイス北西部の都市バーゼルに丸二日間立ち寄った。

じっくり見ることはできなかったが、初めて体験するその地での「アートフェア」の雰囲気や街の印象に触れることができた。

一九七〇年に始まった「アート・バーゼル」は例年六月に四日間開催される世界最大級のアートフェアとして知られる。厳しい審査を通過した三百あまりのギャラリーが世界中から集結し、毎年多くのコレクター、アートファンが集中して訪れる。

巨大なメイン会場エリアはブランド系テーマパークのようでもあり、常連セレブの行き交う異次元の風景があった。

確かに日本にこれはない、「階級」の二文字が浮かんだ。美術鑑賞というよりはアートを気にかける世界トップクラスの富裕層が買い付けに寄り集う社交場といった印象が強く、派手で華やかな印象はヴェネチア・ビエンナーレのオープニングの雰囲気を思わせた。

ビエンナーレやドクメンタ等、定期的に各国で開催される国際美術展で素直に感じるのは、ありき

LEAF
by Oscar
MADURO
80,-
DON TOMÁS

たりだがアートの無限の可能性、同時に自分自身の無知さ無力さだ。

果てなき地平の先に無常感がボーッと揺らぐ……。どんな状況であれ、創作へのエネルギーが自分の中に湧き起こるのか？　突然ピタリ止むのか？

初めて訪れたバーゼル上空には光と闇二つの超巨大アドバルーンがユラユラと浮かんでいた。


年々季節感の薄れる中、今年も曖昧な梅雨が明けた。

確かに夏の日差しにはちがいないが、湿気が多く妙な塩梅だ。

湿気はなにかと厄介だ。制作中、完成後を問わず影響が出る。

湿度の高い日は乾燥具合を考慮して、揮発性塗料を使う作業は極力避ける。今年の西日本は台風による大雨が続き、予定していた揮発性樹脂塗料を大量に使う作業を延期した。

作業場を見渡すと蛍光黄色の一角が目にとまった。

幅五センチほどの蛍光黄色に染めた帯状の麻布の束を放置してあった場所だった。

自分自身の制作にとって素材や画材が常に「視覚に入る」場所にあることはすごく重要だ。作業中「見えない」ものの大半は使われないまま放置され続ける。

通常、スクラップブックに使う素材は作業机まわりで偶然目にしたものを手に取り貼っていく。結果的に気に入らなければその上に貼る。それでも気に入らなければ貼ったものを剝がす。その繰り返しだ。ハタから見るといい加減極まりない光景に違いない。

偶然生じるズレの層や痕跡が思いを超える風景に結びついていく。創作における「適当」は思いの外深い。

足元に全ページを貼り終えて間もない六十九冊目のスクラップブックがあった。本の背部分だけ手つかずのままだった。

不意に、蛍光黄色がスクラップブックの背に相容れないまま合体したイメージが浮かんだ。

新たに下地の和紙を貼り、その上に長短バラバラの長さに切った黄色い帯を水溶性ボンドで幾重にも貼り重ねていった。

完成したスクラップブックはとてつもなくアンバランスな外観となった。唐突に浮かんだイメージとほぼ一致していた。

最終的に長雨による湿気は蛍光黄色の麻布をスクラップブックの背部分に導いた。


台風一過の朝、宇和島から高松経由で香川県直島に向かった。

直島の美術館一室への新作設置、それに伴うトークが目的だった。

この数年、瀬戸内の島々を訪れる各国からの観光客急増から、高松港フェリー乗り場の待合室は拡張工事がなされていた。

これまで直島での制作のため何度も乗り降りした船舶「あさひ」だけでは移動客をさばき切れず、二年前からより大きくモダンなデザインに一新した「なおしま（二代目）」が加わった。その船内は「あさひ」より格段にアートっぽく、窓は大きくなり清潔感は増したが、自分の中の航路風景とだいぶズレてしまったためか、同時に寂しさも感じた。

かつての夕刻の船内光景、直島発高松行き「あさひ」船内で汗まみれの労働者が長椅子に寝転ぶ姿、電波が途切れて乱れる船内テレビ画像、後方両サイドの喫煙室内から見える島影が頭をよぎった。

今回直島の美術館の一室に設置した作品は一昨年シンガポールの版画工房の協力で制作した「大型本」だ。全体を支えるステンレス製の台座と合体させ、扇形の空間にどう置くか、それが主な作業だった。

直前に完成した六十九冊目のスクラップブックの背に貼った蛍光黄色の麻布は、その作品制作の過程で作ったものだった。

設置完了の翌日、トーク会場に向かった。

話す内容は「大型本」やその他版画作品を制作したシンガポールの版画工房での四方山話で、その日に合わせ制作スタッフが一人現地から招待されていた。

彼は版画工房設立当初から二十年あまり関わってきた技術担当者で、施設の成り立ちや目的、担当した各国の作家との制作秘話、「大型本」制作の過程などを語ってくれた。

彼の話を聞くうちに一昨年の春と秋二度に分けて滞在したシンガポールの日々が蘇ってきた。現地の高温多湿の外気をリアルに思い出していた。

なぜか八〇年前後に何度も訪れた真夏の香港の街並みも浮かんだ。

むせ返る路上に落ちる直線的な光と影、間借りしていた中国人夫妻の狭いキッチン空間。そこが初画集『《倫敦／香港》一九八〇』の絵を描いた場所だったことが遠い記憶の中から立ち上がった。アルバイト資金が底をつき始め、日本に帰るべきか悶々とした日々を送っていたころだ。

「大型本」作品のタイトルは『ブック＃1／記憶層』（縦一〇六×幅八五・五×厚さ二六・五センチ、総三二〇ページ、重量約一五〇キロ）。シンガポールと日本を行き来した日々の中で作ったイメージや写真をシルクスクリーン印刷で刷り重ねたシートをステンレス製カバーで束ねた。

展覧会で本形式の作品をどのように展示するかはいつも悩ましい。

二十年ほど前、海外グループ展でスクラップブック数冊を自由に閲覧できるように展示した。最終的に製本がバラバラに崩れ、所々ページ自体が紛失してしまい、なんともやるせない気分になった。以来ケース内にスクラップブック見開き状態での展示が定番となったが、その展示法は見る側に全ページを自身でめくって見ることができないフラストレーションを与えがちだ。

今回設置した「大型本」作品は白手袋着用という条件で自由にページをめくることができる方向をお願いした。

ダメージは避けられないが、非常識に大きな本のページをめくる体験が重要であり、そこに生じる様々な痕跡も「記憶の層」として変化していくことが自然なように感じている。

直島から戻り七十冊目のスクラップブックをスタートした。

二〇一七年九月

世界で一つだけの壁

この十年間、「廃材」を使い、空間的な大作を作る機会が続いた。共通するテーマは「記憶」だ。部屋的な構造物と組み合わせたり木造の廃屋丸ごとだったりと外観は様々で、そこにさまざまな音を発する装置を仕込んだ。

空間的な作品は「廃材」の材質やサイズに合わせて進めるため、通常スタート時に「完成図」がない。作品に合わせてチームを組み、制作現場に通いながら、同時に「廃材」を収集していく。予定通りに作業を進めていくことは難しいが、節目に「廃材の大物」との出会いが必ず起きる。それらの「大物」に共通するのは独特の違和感と圧倒的な強度だ。それが最終的な全体像の輪郭となっていった。

どんなモノにも与えられた場所以外に必ず別の居場所がある。「廃材」で作品を作っているときに思うのはモノの役目の表裏のようなことだ。

街中で時間の染み込んだイイ塩梅に劣化した物件に出会うときに感じるのは、モノが背負う〝表から裏への過渡期〟のようなことだ。

「表の役目」を終え、取り壊しを待つのみの、世間的には邪魔でしかないモノたち。本来、ココからが裏の本領発揮なのになぁと思う。許されるなら持ち帰り、新たな「裏タワー」を組み上げたい衝動にかられる。

世界中に不要物として散らばる「超大物」を一カ所に集めて、ひとつひとつうまい具合に再構築したら、一体どんな立体物が現れるのだろう？


春から実家改築工事が進行中で、「家の記憶」を残す算段をしている。

実家は築五十年以上の老朽化が激しい木造建築で、八歳から二十代半ばまで過ごした。

前回東京オリンピック当時の安普請で建築材や意匠等の価値はまったくないが、様々な思いの染み付いた空間には変わりなく、解体時に棄てられる「部分」を新たな改築スペースに置き直したい、そう思ったことが発端だった。そうすることで、新たな「雰囲気」が生じ、「時間」が途切れることなく続いていけば面白い、そんな遊びだ。

最終的にドアや引き戸、飾り窓や外階段の一部を取り外し、さらに落書き付きの自室の内装壁四カ所を柱ごと切り取ることにした。

素人の思いつきほどプロ業者の頭を悩ませるものはない。重要文化財なら業者も気合いが入るのだろうが、ボロボロヨタヨタヘロヘロの二階家では、こちらの意図がスムーズに伝わらないもどかしさを感じた。

特に経年劣化した崩れやすい落書き入り塗り壁撤去の段取りが難航した。

複数の業者が視察に来たが、マニュアル外の作業のためか改築予算の間尺に合わないからなのか、どこからも敬遠された。

「記憶計画」を諦めかけたころ、厄介な要求に興味を持ってくれる人物と出会った。それまでの重苦しい足踏み状態が解消し、少しずつ計画が前に進みだした。何事も最終的には個の「好奇心」と「人間力」にかかる。

専門業者数名で慎重に柱ごと壁を切り取って木枠で補強し、屋根梁に取り付けたチェーンブロックを使って丸三日かけて自室の壁を吊り下ろした。

昭和三十八年から二階にあったボロ壁と初めて地上で対峙し、「記憶計画」は一気に現実味を帯びた。その際、壁一点は四〇〇キロ、総重量一トンを超えることが判明した。

だが、その先再設置の際のクレーン作業や取り付け工程を思い浮かべ、気持ちが揺らいだ。まずはそれらをしばらく保管しなければならない。思いつきの計画にそこまでやり通す意味が本当にあるのか、自問が生じた。

止めるといえばそこでおしまい、気持ちも大分楽になる。断捨離のご時世、崩れ落ちかけた落書き壁をわざわざ残すのもなぁ……その感覚は、制作半ばに浮上する言い訳めいた思いと共通するところがあるように感じた。

思いつきとその実現を照らし合わせたときにふと頭をもたげる難題からの無意識の逃げ、意味の見出しやすい合理性に左脳でうなずき、わかりやすい方向にと割り込む邪《よこしま》な心根……。

だが遊びは本気でやらないと意味がない。「バカバカしくて面白いだろ？」普段兄貴がよく口にするフレーズが浮かんだ。ココが正念場と舵を真逆に切り直し、「無意味で無駄でバカバカしい」最終地点を目指すことに気持ちが固まった。

先日無事に壁の仮設置を終えた。

過去がどのように未来につながるのか？　興奮を抑えつつ地上経由で再び二階に戻ってきた「壁」現場に足を踏み入れた。

改築中の家に新たな位置を確保したボロ壁にポッと体温を感じた。無意味の意味に包まれているような笑いが込み上げ、意味が意味でなくなっていた。

かつて押入れ内にあった壁の一角を眺めているうちに、そこで絵を描き、深夜放送を聴いていた日常がぼんやり浮かんできた。

中学に入り油絵に興味を持ち、ボソボソのパステルと懐中電灯を手に押入れに入り、洞窟壁画の気分でそこに絵を描いたのだった。

「カッコいい絵を壁に掛けたい！」

そんな能天気な興奮の連鎖が当時の自分を次の絵に向かわせていたことを強烈に思い出した。

「アート」など一切視野にない当時、「カッコいい」とはなんだったのだろう？　取るに足りぬ稚拙な絵でも「世界に一点だけ」といった感触がそこには大きく関わっていたように思えた。

狭い自室の押入れの闇のなか、壁面にさえ自分の意思次第で「一点だけ」が出現する、そんなシンプルな驚きがそこに大きく関係していた。

少なくとも自分自身にとって、他愛ない興奮や思いは未だに重要な創作動機ではないのか？　初めて真正面から見る押入れ壁面のパステル画を前にそう思った。

廃材の再設置工事が現実味を帯びるにつれ、入口ドアや照明等の備品も作ってみようと思った。どうせなら「世界で一点だけのカッコいいものを作ろう」、テンションはいつの間にか作品作りと同じになっていた。

春から夏にかけ、宇和島の鉄材工作所の若者と二人で試行錯誤を繰り返した。

家に染み込んだ五十年あまりの時間と記憶のシャッフル&リミックス作業？

鉄材工作所での作業中、遠い記憶に心をつかまれるような匂いが鼻先を通り過ぎた。グラインダーで鉄を切った直後の匂いだった。

改築中の実家が建つ以前、二歳から八歳まで数年間過ごした京浜地区の家の間取りが浮かんだ。太いドラム缶から溢れ出たメタリックな塊、渦状に鋭く尖るキリコ（鉄の切り屑の廃棄物）。通学途中に毎朝通っていた町工場の路地の匂いだった。

六〇年代初頭、当時中学生だった兄の自転車の後ろに乗り、月一度は隣町まで切手とアメリカンポップスのシングル盤を買いに行っていた。

シングル盤一曲を百回は繰り返し聞いていた兄と空間を共有した日々は、当時のヒットチャートと切手画像が時代の空気とともに記憶の奥に焼きついている。

真夏の作業場で、鉄を灼き切る炎の先がレイ・チャールズのポートレイト写真と重なった。

二〇一七年十月

ビルとアボリジニ

来年から再来年にかけ、展覧会をいくつか予定している。

当面の目標は年明け一月後半に始まる大阪でのグループ展用大作と来春香港での展示に向けた新作十点を仕上げることだ。

制作と並行して二〇一九年春開催予定の熊本での個展用に「ビルディングシリーズ」の作品調査も少しずつ進めている。

このシリーズは完成後三十年以上放置したままのものが大半を占めている。十数年前「ビルディング」をテーマにした新作展が一度あったが、スペース的な限界もあり過去に遡った展示は叶わなかった。

まずは全ビルディング作品を極力ひとところに集めることからだ。使用画材や制作年など自分にしかわからないことが多く、基本的な洗い出しは当面一人で粛々と進めるしかない。

慣れない作業は忍耐を要するが、時間を経て見直すなかでの発見も多い。

シリーズは最初から「ビルディング」を中心的なテーマと決めて描き続けてきたわけではない。

内側でビルのイメージが飽和状態になりタイミングが来ると吐き出す、それを繰り返してきた。そんな日常的な繰り返しが時間をかけてシリーズを形作っていった。

シリーズ開始の発端は一九八〇年前後に何度か訪れ、長期滞在を繰り返した香港での体験だ。初めて目の当たりにした想像を絶する超カオス的ビル群に感化され、鉛筆でビルを描いたことが糸口となった。

数年を経て、「ビルディング光景」はニューヨークやロンドン、ナイロビをテーマにした油彩や鉛筆、銅版画、八〇年代前半の「東京シリーズ」の象徴にもなっていった。以来様々な場所を訪れるうち、「ビルのイメージ」は国を超えて溶け合い出し、匿名的な場所に変化し、徐々に路上の要素も伴う心象風景的な意味合いを帯び出した。「ビルディングシリーズ」は今でも時折唐突に頭をもたげて終わらない。止まないものにはなにかあると、あまり深く考えずその流れに従っている。

数年間大型インスタレーション的な展示が続いたこともあり、二〇一九年春予定の個展では未発表作品をできるだけ含めた絵画中心の展覧会にしたいと考えている。

来年予定している展覧会に十一月から開催される第九回「アジア・パシフィック・トリエンナーレ」（通称ＡＰＴ）がある。一九九三年開催の第一回目に続き二度目の参加だ。

八〇年代後半から「欧米地域以外での現代の美術」が世界的に注目を集め始めた印象がある。一九八九年に参加した長期にわたるアメリカ巡回展「アゲインスト・ネイチャー　八〇年代の日本美術」展を皮切りに、世界に向けた日本の現代美術の紹介も加速した。

ほぼ同時期に、イギリス、北欧、ドイツでも日本の現代美術の巡回展が開催され、幸運にもそれらにも参加することができた。

パソコンや携帯電話以前、深い考えもないまま多機能付き業務用ファックス機だけを頼みの綱に、制作拠点を東京から四国宇和島に移して間もないころだった。

山奥の倉庫を借り、巡回展用の大作を個人製造工場のように作り続けた。それは大きな喜びには違いなかったが、国内で作家生活を続ける上での金銭的重圧や理不尽さも強く感じた時期だった。

山奥での単独現代美術活動と海外発表の間に横たわる得体の知れない距離、歩いてきた山道から取り返しのつかない獣道に踏み込んでしまったかのような不安も時折よぎった。

結局どんな状況であれ、すべては次の作品制作の中にしかないこと、先のことを考えず今作り続けるしか突破口はないことを思い知らされながら、悶々とした日々を過ごしていたことを思い出す。

参加した第一回ＡＰＴでは、制作を始めて間もない宇和島の造船所で作った大型立体「シップヤード ワークス」を出品した。オープニング出席は叶わなかったが、重量のある大作を海外で発表できて、その先に一瞬光の差す思いがした。

現在、その作品は瀬戸内海直島の人気のないビーチで沖に向かって立っている。制作に通った造船所は一昨年の集中豪雨による崖くずれで廃業、今は無人の作業場が海際に残っている。

先日会場下見を兼ね、打合せに次回のＡＰＴ開催国オーストラリアを訪れた。

一年あまり先とはいえ会場が海外ということもあり、展示コストを含め作品の方向性や現地の設置会場の決定などがそろそろ射程圏内に入ってきた。

「アジア・パシフィック・トリエンナーレ」はオーストラリア東部の人口約二百四十万人の都市ブリ

スベンのクイーンズランド州立美術館を主な会場とし、展示内容は文字通りアジアとオセアニア地域の美術に特化しているが、民芸的な作品から現代美術まで取り上げる作家の幅は非常に広い。

現地初日、担当者から美術館の一室で開催中のオーストラリア先住民アボリジニ作品展への興味を聞かれ、「すごく」と答えた。

アボリジニ芸術に初めて触れたのは絵より先に管楽器「ディジュリドゥー」音源の収められたレコードを通してだった。学生のころ図書館で借りた「各国民族音楽」シリーズの一枚だった。絵の存在はその後画集で知り、音から受けるイメージとの類似点に興味を持った。

暗めに照明を落とした展示会場の壁面は黒一色に塗られ、その上には想像に反して「抽象的な作品群」が静かに並んでいた。

アボリジニ絵画に対して一方的に抱いていた「動植物をモチーフにした意匠的な具象画」といった偏見が一瞬で吹き飛んだ。

見るほどに画面奥にグルグルと引き込まれていく土煙のような色彩、時間を超越する気配が絵の細部をおおいつくし、五感以外の感覚が一斉に疼いた。

「闇穴」「蟻夢」「ゼロ因果」「地層引力」「バクテリアンマントラ」「重力虫」「層色」「時間匂」「温点」「トランス点描」「無常地図」「血音」「宇宙暗号」「皮下裏」「逆光速度」「点音」……目玉の移動にシンクロするかのように意味不明の単語が次々と浮かんでは消えた。

初めて訪れたオーストラリア、ブリスベンの九月は日本の秋口を思わせる陽光の中、心地よい風が吹いていた。

空き時間に、美術館周りに乾いた冷やかな微風に葉を揺らす木陰を見つけ、何点かスケッチを描いた。普段より乾きの早いインク痕が秒毎に濃淡を変化させていく様に生き物の中に流れる時間が重なった。

天候の塩梅からなのか、初めてロンドンを訪れた当時の日常が蘇った。一枚のスケッチから始めるしかないという思いで通っていた公園の高台から眺めたレンガ色の風景が通り過ぎた。過ぎ去った時間が身体の中心を一気に流れていくような気分になった。

曖昧な匿名映像に不意に割って入る無常の塊が不規則な浮き沈みを繰り返す……温かな無音の陽だまりに時間が霧雨のように降り注ぐ既視感のような感覚……。

無数の点の一つになったような気分になり、スケッチブックを閉じてアボリジニ展会場に戻った。

二〇一七年十一月

微妙と密度

夏から取りかかっていた小さな貼り絵の連作数点を終えた。まだ全体像は見えないが、制作を通して「記憶と色について」といった漠然としたイメージがある。完成した小品の共通点は絵の表面に高低差のついた凸凹があることだ。画面上の「微妙な凸凹」が作る「微妙な奥行空間」、それがもう一つの大きなテーマでもある。

連作は、様々な素材による「凸凹貼り絵」終了後に木製フレームと透明のアクリル板を真上から載せ、「微妙な空間」を閉じ込めて完成となる。

アクリル板を通して至近距離で見る「隙間空間」は今のところ見ていて飽きない。作業中まったく予期しなかった風景が勝手に生まれている。他人の記憶の中で気ままに散歩しているような気分に陥る。

光の方向が隙間空間に作る影の変化が予想以上に「偶然景」を作っていた。

小品で確認できた「凸凹とイメージが絡み合うことで生じるテイスト」を壊さずにどのようにより大きな作品を作れるか？　今はそんなことを考えている。

「凸凹」は長年気になり続けている「隙間」と関係している。

連作のキッカケとなった「隙間」とは、貼り絵制作中に接着剤の塗りムラが原因で生じる紙間の小さなスペースのことだ。紙端の断面や表面のゴワついた凸凹として絵に現れる「失敗の結果」ともいえるだろう。

様々な種類の印刷物を使いコラージュの可能性を試していた学生のころは、貼り重ねた際に生じる紙同士の「隙間」「浮き」が生理的に嫌だった。貼る工程を消すことにこだわり、印刷物パーツそれぞれができるだけ浮かないようピタッと「平ら」に仕上げる、それが基本だった。

「隙間」に対して考えが変わったキッカケは、当時初めて訪れたロンドンの「路上壁」との出会いだった。

そこでは、古びたレンガ壁面に日本で見たことのない超大判サイズの告知ポスターが下地に空気を孕んだまま幾重にも凸凹に貼られた光景が日常にあった。

絵具のように垂れ落ちた糊マチエールがごわごわに波打つ大判ポスターに重なり、剝がれて反り返る層状の紙のエッジがゆらゆら風に揺れていた。

幸運な日は、長い柄付きモップを白濁色の糊の入ったバケツに突っ込みジャブジャブボタボタ路上に散らしながら糊ムラ完無視で貼る作業に出会うこともあった。

ポスターを貼る作業も洋の東西でここまで違うものなのか、と衝撃を受けた。

路上作業員が鼻歌交じりに繰り返す機械的な動作を前に、自分にとって「美術館」という場所とは一体なんなのか、改めて考えた。

路上で「貼り紙」に置いてきぼりをくったその日、自分自身の「方法」を手に入れたように感じた。それ以来、貼り絵作業は真逆に向かい始めた。

考えに支配される前に貼り重ねていき、違和感を覚えたら躊躇することなく剝がし、納得いく地点から続行する。破れや剝がれによるイメージの欠損よりも偶発的に生まれる全体の質感や密度を手がかりに作業を進める方向に切り替わった。「イメージや素材は何でもいい」そんな意識が自分の中に生まれた。


制作衝動の発端はいつも普通の出来事だ。あまりに当たり前過ぎて見逃すことが多い。

壁に空いた無数の画鋲跡、ガムテープで補強したトイレのドアノブ、温度差で曇る住居のガラス窓、ヤニまみれの扇風機や駅舎脇の描きかけのペンキ看板、老舗和装店の展示品入替中の空っぽのディスプレイウィンドー、かつて連作のキッカケとなった事象を思い起こすと、それぞれ特別探し求めたものではなく、「アート」とはまったく無関係の場所で市井の生活と密着する風景の一部だった。

数年前のある朝、いつものように自宅に届いた郵便物の封筒も、今に続く「時憶シリーズ」のきっかけだった。

白無地に住所ステッカーの貼られた普通の既製品仕様の封筒だった。

手に取ると、裏の折り返し部の紙の重なりが気持ちに引っかかった。封筒用紙一枚が機械的に作る「微妙な段差」になぜかグッときた。それが今自分のやりたいことと深く関わっている、よくわからないままそう思った。

封筒裏の両サイドに初めて「立体感」を意識した。封筒裏の段差は自分が「封筒」をまったく見ていなかったことを強烈に気づかせた。

発見と疑問の入り混じる気配を感じたとき、すでに創作の糸口は目の前で揺れている。反射的な疑問の中に「見る」ことが始まっている。とりあえず手作業を通してそこににじり寄ること、それが自分に出来る唯一の「見る」ための入口だ。

空気のような感触をよりハッキリさせたいと思う気持ちと手を通しての確認作業、それらが一体にあるうちは「手試行錯誤」が続いていく。

ふとした興味も「形」に辿り着かなければ自分にとっては意味がない。

行き着く先が「作品」だとか「アート」だとかといった大仰なことではない。

何気ない興味が人それぞれの「なんらかの形」に落とし込まれ、そこに新たな認識が生じる、その流れが自分にとっての「見る」ことに関係している。わからないことをわかろうとする手作業による痕跡のプロセス、それが自分自身にとって「シリーズ作品」なのだろう。

答えのない問いの周りを「?」姿の自分が距離を変えつつ回り続けている、そんなイメージが浮かぶ。

ふとした感触から始まるシリーズは、その始まりに「すべてが在る」ことが多い。

それは得てして作品の完成度とも無関係だ。シリーズ作品を時系列に並べると、出だしの作品は呆気なく「薄味」だ。

「気配」を深追いし過ぎて方向を見失わないよう無意識的な抑止が働くためか、初期作品には制作中に意識しなかった「物足りなさ」が漂う。

次第に画面が濃くなり始め、密度を増し、「答え」に接近しているかのような手ごたえを感じだす。

しばらくして「濃さ」に「意図」がからみ始め、突然何かを置き忘れてきたかのような気持ちになる。どこかでいつの間にか変化していたことを意識する。その地点を確認するためにもう一度入口に戻ろうとするが、二度と引き返せないことに気づく。

一旦完結したシリーズ全体を眺めると、「物足りなさ」が最初に感じた「気配」に最も近かったこと、欲からは決して生じない偶然の妙が関係していたことに初めて気づくことが多い。「密度」には見えるものと感じるものがある。

シリーズ作品の途中には「見えない密度」と「見える密度」の二人がいつも自分の中に現れる。

二〇一七年十二月

凸

ひと月後に大阪の美術館で開館四十周年記念展が始まる。

国内外四十組以上の作家による大規模なグループ展で、個人的には今回の参加が関西での美術館初展示になる。

先日、展覧会に向け一年ほど前から少しずつ進めてきた大作を仕上げ、仕事場でカタログ用の作品撮影を終えた。いつもここまで終えるとなんとか山越えしたような気分になる。

カメラマンが去ったあとの仕事場を片付けながら、三十年あまりここで作品撮影を行ってきたことをふと思った。

都会と違い、山奥の仕事場での作品撮影の段取りは、展覧会前にいつも立ちはだかる大きな課題だった。

宇和島に拠点を移した当初は制作で資金を使い果たし、十分な撮影経費もないまま古くから知る友人カメラマンを頼るしか手段がなかった。

東京から丸一日をかけ機材を積んだ車で駆けつけてくれた友人と毎回切り抜けた撮影体験、その後

も同じようにこの仕事場まで来てくれた何人かのカメラマンと共有した時間は、今も作品制作の一部として生き続けている。

大規模な美術館での企画展等は別として、個人ギャラリーによる紙媒体の個展カタログやダイレクトメールが大分少なくなった。

世間のそんな傾向への反動か、若い世代を中心に紙媒体の「ジン」なるものが再び盛り上がっているのは興味深い。

展覧会に関する「刷りもの／印刷物」をいかに極力経費をかけずにカッコよく仕上げるか、作品制作と同様、そこに心血を注ぐのが展覧会の醍醐味だった時代があった。

届いたダイレクトメールを手にした瞬間の印象や指先の感触からその展覧会の内容を推し量る、そんな無言のやりとりが郵便物を通してあったところだ。

一点ものアート界に並行してあった複数モノ印刷界にまつわる数々の記憶、山奥の仕事場にも知らず知らずのうちにそんな時間の層が積もっていたことを思う。

近年、機材やフィルムを含め様々な仕様はアナログからデジタルへと大きく変化したが、作品撮影の作業プロセスは基本的に変わらない。

仕事場の一角に設けた壁に作品を掛け、照明を調整しながら一点ずつ粛々と進めていく。

その後の大きな変化といえば「スキャニング作品データ制作」の普及か。

既成のスキャナー機器に収まるサイズの作品に限られるが、表面が平坦な小品は撮影ではなく「スキャニング」が主流となり「圧着コピー」の要領で直接画像データを得る。

壁に掛かる作品と三脚上のカメラの間に横たわる「空気」はデータ画像上にはもう存在しない。

今回参加するグループ展は例外的に与えられた展示スペースが広い。最大サイズの新作を含む連作十三点を並べて、これまでの数年間の流れを自分自身が確認する貴重な機会でもある。

日々同じような作業を意識的に繰り返しているつもりでも、そこには無意識の微妙な変化が生じる。作品完成後しばらく間を置かないと客観的に判断できないことも多い。

制作中は雑多な素材を思いつきで使うこともあり、つい半年前に作った作品でも見直すと素材やプロセスを結構忘れている。

一つが終わるとそれまでの時間が自動的に消去され、次の異なる時間が途切れることなく流れ出す、その繰り返しだ。

重なる不在などで作業が途切れ中断したプロセスを忘れたときは原画の「ディテール」から手掛かりを得る。

全体像からではなく無意識的に生じたディテールの中に連作のきっかけとなった痕跡を見つけることが多い。そのため連作に取りかかる場合は、終了するまで初期の原画を手元に残すことにしている。

制作時間を要する大型作品は緊張感の持続がいつも鍵だ。

「大きなサイズでないとダメだ」といった初期衝動が好奇心を伴ってどこまで続いていくかにかかる。

サイズが三メートルを超えるコラージュ作品は通常パーツから始める。

パーツ作業の肝はディテール段階での「濃度」のようなもの、非常に大まかな全体像を元に、しばらくは「部分」を詰めていくことに時間を費やす。

想定サイズの倍くらいの量のパーツが出来上がると、それらを床に敷き詰め、俯瞰で眺める。そこで初めて全体のイメージが見えはじめる。自分がなにをしようとしているのか、その先の基本形が現れる。

作業手順がパターン化し始めるとパーツを破いて組み替えを繰り返す。「予測」をいかに潰すかが興味深い方向性を導くことが多い。通常の「仕事の段取り」は自分自身の作品制作には逆効果でしかなく、要領よく順調に仕上がらない方向を探る。

その段階を経て、初めてパーツを最終サイズのキャンヴァスや木製パネルにラフに貼り込んでいく。サイズがほぼ決まり全体像が見えた後、予期せぬ効果的な展開が起きるか起きないか、それは最後までわからない。

展示予定の新作は最終的に連作中で最も大きい三六〇×二二〇×三一センチになった。

「平面作品」を目指して半年以上進めていたが、八割方過ぎたころ、暗礁に乗り上げた。

ふとしたことから中央部分を立体的にすることを思いついた。

平面に異物的な出っ張りがくっついたイメージが浮かび、画面中央部タテに鉄製の突起枠を取り付け、完成に向かった。

同時期にスタートしたもう一点は幅四〇センチ長さ二五〇センチほどの鉄製の直方体状の箱形立体物だ。

壁に垂直に設置する前提で進めていたがこちらも中断、「紙を貼る」、「どのように設置しても成り立つ立体物」という考え方に切り替えて初めて完成形が見えた。

今回のグループ展に向けて、数年前から続く平面作品シリーズが立体物につながっていった流れは見えた。

予想外の出来事だった。

作品撮影直前、制作開始以来初めて仕事場の壁に最大の新作を設置した。絵は壁に垂直に掛けた瞬間に全容を現す、今回も強くそう感じた。作品は壁に斜めに立てかけた状態とはまったく異なる姿に見えた。

「これは自分にとって一体何なのだろう？」

「時間と記憶」による連作ではくくれない、より漠とした問いをこちらにぶつけてきているような感触があった。

それはなんらかの「影の結果」のように思えた。何かを投影した結果の形、心象立体風景、記憶等高線、凸、地図……そんな言葉が浮かんだ。

「投影物」から言葉を探るうち「プロジェクション」という単語に行き着いた。

その単語ひとつの中に作品自体から感じた「投影」「投射」「映写」「描写」「心象」「予測」といったすべてのニュアンスが凝縮してあることに驚いた。

それらの共通点は自分にとって何だろうと思った。

冷え込む山奥の仕事場で「凸記憶」という単語に行き着いた。

二〇一八年二月

視音間《シネマ》

元旦から自身のホームページ（以下ＨＰ）を始めた。

今のところ近々の展覧会情報くらいだが、追い追い内容を充実させていこうと思っている。新年早々、自分で個人情報を発信することになるとは思いもしなかったが、ＨＰ話の発端は意外に古い。

初めてＨＰ開設話が持ち上がったのは十数年前、東京都現代美術館で開催された回顧展（二〇〇六年）の準備に入ったころだった。

過去の作品調査と並行してネット関係の専門家と何度か内容を詰めていったが、自身の理解不足からもどかしさは増すばかり、他人任せのまま流行りごとに便乗するようで、確固たる意志が持てないまま計画はあっけなく頓挫した。

昨年末、付き合いの古い友人が宇和島を訪ねてくれた。以前の回顧展の折、作品調査に深く関わってくれた人物で、当時のＨＰ計画の顚末も把握していた。

長らく喉に小骨が刺さったまま着地し損なっていたＨＰ話がふいに持ち上がった。

友人の話を聞くうち、ＳＮＳ環境が進歩したこともあり、技術的に高度な展開を望まず基本的な情報伝達だけが目的ならば、専門家に頼らずとも形になるように思えてきた。

タイミングを考え、どうせならば、と迫る元旦スタートを目指したのだった。

ＨＰ開設で自分ができる事をあれこれ考えた。少ない展覧会情報だけではあまりに味気ないが、手持ちの資料や書籍リスト等をデータ化する時間的な余裕はない。

まずはすぐに対応可能で無理なく続けられる素材について考えを巡らした。

ふと、ＰＣ内にたまり続ける「日常スナップ」が頭に浮かんだ。

この数年間、携帯やiPadで無目的に撮ったかなりの量の「写真群」だ。大半は各地転々と移動を繰り返す日々の中で気になる風景等を感覚的に写した産物だ。

ＨＰのトップ画面用にＰＣ内の写真データを定期的にまとめて選び、それらを毎日一点ずつ更新することから始めてみる、それなら肩肘張らずとも余裕を持って続けられるように思えた。

年越しまでに準備を終え、元旦から日々更新しはじめ二週間が過ぎたころ、画像に関するタイトルや撮影場所について複数の質問が届いた。

それらは明確な説明のないまま毎日一方的に発信される画像に対してのもっともな戸惑いのように思えた。

当初から脈絡や主張とはかけ離れた流れを重視したかった思いもあり、一点ずつの詳細なデータは記載せずに、ホーム画面に通底する共通タイトルを加えることにした。

改めて眺めた一万五千カットほどの写真群に対して「視覚」「音」「記憶の隙間」といった言葉が唐突に浮かんだ。

それらは確かに自分自身が目撃した視覚情報には違いないが、そう言い切れるだけのものでもない。

中には「音の化身」だと感じた光景、耳にしたノイズに惹きつけられた結果の写真、かつて目撃した情景の記憶と今との「隙間」に滑り込む感覚を覚えることもある。

様々な入口から脳内に入り込むそれらの「情景層」は、時間の経過とともに現実とは異なる時間軸や記憶との組み替えを繰り返し、結果的に残っていく画像や音が作品に関係していくのだろう、そんな風に思った。

最終的に「視音間《シネマ》」という三文字の造語タイトルに落ち着いた。一日一コマでエンドレスに続く脳内記憶シネマといった思いもある。

散らかったままの写真群に筋道がつき、改めて「写真」について考えた。自分自身の主な撮影動機とはなんだろうと思った。

「作品」として形を成さないままモヤモヤと頭の中に在り続けるイメージ群がある。それらになんらかの関係性を持つ風景と遭遇した際の反射的な複写行為、ほぼそう言い切れると思った。

これまで制作衝動のきっかけの多くを「路上」から得てきた。

いくら考えてもたどり着かない最終作品の具体性は、見過ごされたまま既にある外界の痕跡や事象の中に在ること、またそれらが触媒となって頭の中の曖昧なイメージに影響を及ぼすことを多々経験した。

サイズの大小やピントの精度にかかわらず「路上メモ画像」は過去の気配をリアルに引き寄せる呼び水となる。自分自身を創作方向へ導いてくれる画像すべて、それが自分にとっての「写真」なのだろう。

県教育文化会館
写真

初めて写真に興味を持ったのは八歳の時だ。

転校による登校拒否期に家で見つけた安物カメラで両親やペット、庭や近所の風景を暇つぶしに撮り始めたのがきっかけだった。

写真の出来はどうあれ、カメラを通して大人と同じ視線やプロセスを確保できる魔法箱のように感じていた。

以来十代二十代を通してフィルムカメラに関わったが、「写真作品」を撮ろうと思ったことは一度もなかった。あくまでも自分だけのためにある「絵のためのメモ機器」といった意識が強かった。

「デジカメ」が普及しはじめたころも、特別な興味を持たなかった。

かなり暗い場所でもフラッシュ不要なことや接写機能には驚いたが、最終的な出力用紙があまりに無味無臭的であることに萎えた。手にした高解像度プリントが創作衝動につながることはなかった。

自分にとって「写真」とは機能的には「メモ」、物質的にはスクラップブックに無意識的に貼り込みたいと感じる「素材」であることが重要だった。

現像液をくぐり抜けた酸い匂いを伴う物質感、そんな事実がこれまで自分自身に予想以上に大きな影響を及ぼしていたことをデジカメ出現で知り、相変わらずコンパクトフィルムカメラを使っていた。

「撮影」に再び強い好奇心が芽生えたのは写メ機能付き携帯電話を知ってからだった。

これは探していた自分の道具に違いないと衝撃を受けた。通信機器で画像記録を残す感じも自分にはしっくりきた。

「酸い匂い」などといってる場合じゃないと焦り、同時に可能性を感じた。そこには「写真」が背負う重い概念はなく、無責任かつ無目的でも許される自由を覚えた。「ついで」というと語弊が生じるが、自分にとっての写真は「ついでに」撮ることが重要な肝だと感じている。それは絵における「適当」と似たニュアンスに近い。「絵と適当」は自分には永遠に到達できない極意のようなものだ。

写真も絵も意識的に追うと絶対に捕まえきれない共通の質《たち》がある。必死さは欲の気配を生む。写真と絵は、あらかじめそれを感知する超絶「欲気配センサー」を備え、行く手をはばむ。人間が意識的に回避することはまず不可能だ。

そんなセンサーを稀にスリ抜けて予期せず降り立ってしまう場所、そこに力みの抜けた心地よさを感じる。当面は携帯機器を手に「適当／ついで」にそこを追うのだろう。

二〇一八年三月

ナニカトナニカ

今年十一月からオーストラリア東部ブリスベンで開催される第九回アジア・パシフィック・トリエンナーレに出品する。一九九三年の第一回開幕以来二十五年ぶりの参加だ。

国内外、規模の大小に関係なく、展覧会のお呼びがかかることは素直にありがたい。その偶然が長年未完成のままの作品の決着に結びつくこともある。

自分自身は昔から明確なコンセプトをもとに制作するタイプではない。新たな作品を作るきっかけは不意に訪れることが多い。

バラバラに思い浮かび続けるいくつかの「感触」が、何かを触媒として重なるタイミングがある。そこに「質感」をジワッとイメージするとき、とりあえず手作業に入る。

その大半は未完のまましばらく仕事場に放置されるが、確信にはほど遠い結果でも、俯瞰して眺められる状態自体が大きな前進だ。

手作業を通して目の前に現れる「質感」への生理的な快感、それがいつも重要な制作の核になる。

生理的な快感とは、気恥ずかしい表現だが「意味」を超えて湧き上がる「質感」への愛情のようなものだ。

昨年秋、会場下見を兼ね、初めて訪れたブリスベンで担当キュレーターと会った。彼は以前から実験的な音楽全般に興味があり、展覧会や作品のこと以上に世界のノイズ音楽や八〇年前後の日本の実験音楽状況の話題に花が咲いた。

海外で小ぶりのレコードショップ店内に足を踏み入れた途端、鳴り響く六〇年代エレキサウンドや昭和歌謡曲の日本語にオッと思うことがときどきある。国を超えたオタク系血族の奥深さを思い知る瞬間だ。

すでに馴染みの曲であっても国内では感じたことのない空気に一瞬で包まれ、予期せぬアイデアの化学反応が起きる。

そんな情景や音楽などを思い出しつつ担当者と打合せをしていると、ある「フレーズ」が頭をよぎった。

二十年ほど前に音楽スタジオ内で経験したハウリングノイズがきっかけで浮かんだ「コントロール不能音」といった言葉だった。

そのとき「制御不能な楽器」の制作に興味が湧いて以来、実現しないままの日常に時折そのフレーズが頭をもたげた。

打合せ後もその言葉の残像が去らず、当初計画していた既存作品ではなく「音に関係する新作」を作ってみたい気持ちが強まった。

なんらかの力をきっかけに音が起き、増幅連鎖を永遠に繰り返すだけの装置。今浮かぶのはそんな漠然としたイメージだが、現在大阪の美術館で展示中の近作「時憶シリーズ」に連なる流れのようにも感じている。

ブリスベンで不意に浮かんだフレーズから「音作品」に関わり始めて三カ月あまり、まだ先が見えていない。

最終的にどんな音が出るのか？　どのような形になるのか？

組み上げ予定のひと月後までしばらくもどかしい状況が続く。

現在目の前のその装置は、鉄製の大きな「音焼却炉」のような体を成している。「音を燃やす」とどうなるのだろう？　そのときどんな音が鳴るのか？

妄想は日々連鎖しながら変化し続けている。


先日、「新潮」連載中のエッセイが約五年分溜まり単行本化の話を受けた。

前回の単行本『ビ』から早五年が経ったのかと驚くとともに、そもそも毎月書き列ねてきた事柄に通底するものはなんだったのだろうか、そんな思いが湧いた。

この三十年間、同じ場所に三カ月以上居続けることのない日常で、原稿の八割は宇和島の作業場で書いてきたことを初めて思った。

宇和島は自分にとって「作品を作る」場所だ。

それ以上のものはまったく望んでいない。雨風しのいで作れるだけで十分ありがたい。

ここには変化に富む都会的な気の利いた話題や情報はなにもない。気分転換に訪れる本屋やレコード店、映画館も美術館もない。刺激的で興味深いことが次々に起きる日常とは対極にある地だ。

宇和島では自分からなにかを仕掛けないことには地球の自転遠心力で真っ暗闇の中に放り出されてしまう、そんな気持ちが三十年間変わらない。

その気持ちの持続が自分にとっての制作に大きく関わっている。

考えたところで到底太刀打ちできない強い磁場がここにはある。外部からの興味をまったく期待せずに前向きな創作衝動を維持していくこと、それはここで暮らす上で必要不可欠の日々の仕掛けだ。

そんな日常を宇和島で送りながら毎月言いたいことは何かと突き詰めるなら「今日も作る」、それだけだ。なぜ作るのか？　など考えても詮無いことに行き着く。

得体の知れぬ磁力に飲み込まれないための距離を保つ方法、それが作り続けることであり本望だ。「今日も作る」だけではエッセイにならないので内側を掘ることになる。記憶も含め自分の中に情報を求める以外にモチーフがない。

他人にとってどうでもいいことであろうと、そこを掘り下げていくこと、それが自分が書くべきことだと思っている。

一九九一年に友人三人と画集『ＳＯ　大竹伸朗の仕事』を自主出版した。

幼少期から三十代半ばまでの作品と文章で構成した回顧的な内容だ。

その画集のあとがきタイトルを「既にそこにあるもの」とし、自分自身の制作はゼロから組み上げることではなく、既にこの世に存在するものたちとの共同制作に近いといった趣旨のことを書いた。

その後、それは一九九九年に出した初エッセイ集のタイトルになった。

それから三十年近くが過ぎた今もその思いに大きな変化はない。

当時「既にそこにあるもの」という言葉に確信があったわけではない。それまで自分のやってきたことや作品作りをあえて言葉にすればそういうことだろうと、ぼんやりと浮かぶ輪郭線をたどるように行き着いた言葉だった。

画集刊行当時の企画展で、還暦を迎えた音楽家武満徹氏と出会った。あるとき、その画集の話になり、あとがきタイトルを褒められ血が逆流する思いがした。それまで自分がやってきたことに初めて方向性が生まれたような気持ちになれた。

無自覚のまま通り過ぎていたその言葉について、以後何度も考える大きなきっかけとなった。「既にそこにあるもの」以降の言葉を考えた。あれから自分が確かだと思うことを言葉に置き換えるなら何なのか。

寝起きにふと「ナニカトナニカ」の七文字が浮かんだ。

「既にそこにあるもの」の先に炙り出された数ミリはそれに違いないと感じた。

既に在る二つ以上複数のモノや事象、それらが合体した結果生じる痕跡や質感、記憶や時間……そこに自分自身の制作衝動が関係している、そう思った。

「ナニカトナニカ」。行き着いたあまりに呆気ないその七文字はまた自分自身の形にも思えた。

二〇一八年四月

あとがき

過去五年あまりのモノ作りの日常で見たこと感じたこと、思い出すことなど、それが本書の内容になる。

文芸誌での連載エッセイから生まれた三冊目の本書も既刊二冊同様に、具体的には進行形の制作雑記や各地での展覧会の出来事、行く先々で考えたことといった話が大半を占めている。

毎月末確実にやってくる締切を目安にできるだけテーマが重ならないように切り抜けてきた思いはあるが、改めて五十三回分の原稿を通読し、その丸ごとが「五年分のひとりごと」のようにも思えた。

また実用性のなさだけは首尾一貫しているとも感じた。

無事刊行できた喜び、さまざまな支えへの深い感謝とともに申し訳なさもよぎる。

作品を作り定期的に発表する、二十代中頃から日常にそんなリズムを刻み始め、いつの間にか四十年近くが過ぎた。

それはとても幸運なことだという気持ちと並行していまだ先がまったく見えない。見たいはやまやま、見えたらおしまい、そんな気もする。

「作りたい」という気持ちは、ある日突然消えてしまうのか？

あれこれ先のことを考えるよりは今日線を一本引くこと。意味や理屈ではなく自分自身の型を継続させること。結果がどう転ぼうが手応えはいまだそこにしかない、そんな自分勝手な思いも相変わらず強い。

それが確かなものなのか、どこかにつながっていくのか判然としないままに時間は過ぎていくのだろう。

依然として不確実、不安定な日々の中にあり月毎に「言葉の場」を与えられていたことは、予想以上の救いかつ日々をつなぐ重要なテンポでもあったことをジワジワと感じた。

今回初めて文章と写真による組本を試みた。

連載内容とは無関係に、執筆同時期にオッときたものを条件反射的に撮ったまま放置していたものだ。

文と写真の並びに解説的な意図はないが、執筆と同期する偶然の流れから予想外の「ナニカ」が生じるかもしれない。この期に及びそんな往生際の悪さも消えない。

路上で遭遇する「わからなさ」からの挑発、それが自分自身のモノ作りと強く関係している。本書もそのひとつの形なのだろうと思う。

先の拙著『ビ』に引き続きお世話になった矢野優氏、前田誠一氏、タイトル文字に御協力いただいた小関学氏に感謝の意を記したい。

豪雨の爪あと癒えぬ秋、宇和島にて

大竹伸朗

P.201	岬の藤棚	2011年11月22日	宇和島市
P.202	五〇ペンスの記憶	2018年4月16日	シャルージャ
P.213	暴絵族	2014年10月17日	リヴァプール
P.217	時代の目玉	2017年4月8日	ロンドン
P.224	バワリーのゴミ星	2016年7月22日	ニューヨーク
P.227	内箱と外箱	2014年10月16日	リヴァプール
P.236	未来風味の亀	2017年4月4日	宇和島市
P.239	居場所岬	2017年6月7日	コペンハーゲン〜オーフス
P.249	プリンテッド・フューチャー	2018年7月3日	宇和島市
P.251	縁景の雀	2015年3月12日	東京
P.260	刷りもんの轟音	2017年11月1日	宇和島市
P.263	島とジュークボックス	2017年10月22日	東京
P.272	路上のヨソ者	2015年4月9日	香川県豊島
P.276	メダカと木炭画	2016年12月30日	宇和島市
P.284	ジオラマ仁義	2017年6月10日	ミュンスター
P.287	階級と湿気	2017年6月8日	コペンハーゲン
P.294	世界で一つだけの壁	2017年7月14日	東京
P.299	ビルとアボリジニ	2014年11月13日	横浜市
P.308	微妙と密度	2017年4月11日	パリ
P.311	凸	2014年12月12日	ロンドン
P.319	視音間	2015年12月19日	長崎市
P.327	ナニカトナニカ	2017年9月14日	ブリスベン

カバー	表面	2017年4月12日	パリ
	裏面	2017年4月10日	パリ
本体	表面	2017年7月7日	香川県直島
	裏面	2017年6月16日	カッセル
本体見返し	表面	2014年4月10日	宇和島市
	裏面	2016年9月23日	シンガポール

写真クレジット一覧

P.11	高架下ビエンナーレ	2016年7月25日	ニューヨーク
P.18	ヴェネチアの愛	2013年5月29日	ヴェネチア
P.22	白い線路	2018年6月22日	香川県女木島〜豊島
P.31	エロニガい気配	2017年6月13日	バーゼル
P.35	瀬戸内海とテムズ河	2013年12月7日	宇和島市
P.45	ダダな指先	2017年6月11日	ミュンスター
P.47	線の言葉	2014年12月8日	ロンドン
P.52	無と有の間に降る言葉	2016年6月16日	東京
P.61	ロンドンの水たまり	2016年9月26日	シンガポール
P.65	残像の色温度	2014年10月15日	ロンドン
P.73	本当の「今」	2016年5月18日	東京
P.78	尼崎記憶工場	2014年6月8日	尼崎市
P.83	電気絵具	2017年12月29日	宇和島市
P.90	五つの矩形	2018年4月18日	ドバイ
P.95	ロン貼ドン	2016年6月21日	ロンドン
P.105	ロンドン雲、リバプール月	2014年10月17日	リヴァプール
P.108	シンガポールの版画工房で	2015年10月7日	シンガポール
P.115	見えないインク	2014年10月18日	リヴァプール
P.122	形の尻尾	2015年11月30日	宇和島市
P.128	桜と実家	2015年3月22日	宇和島市
P.135	S先生と絵の根っ子	2017年6月14日	バーゼル
P.138	ゴミ屋敷プロジェクト	2018年4月16日	シャルージャ
P.143	濡れる絵の匂い	2013年8月30日	宇和島市
P.153	クレヨン以前　レコード以後	2015年7月1日	宇和島市
P.154	船型と工場	2015年4月22日	宇和島市
P.164	試行錯誤の瓦礫	2015年8月30日	光州
P.169	星港版	2015年10月13日	シンガポール
P.176	船型の気分	2015年12月11日	香川県豊島
P.182	現代と絵	2016年9月23日	シンガポール
P.185	カラッポの仕事場	2016年8月9日	宇和島市
P.193	島の廃棄物神	2016年3月3日	香川県豊島

初出　「新潮」
二〇一三年七月号～二〇一三年十二月号
二〇一四年二月号～二〇一四年五月号
二〇一四年七月号～二〇一四年十二月号
二〇一五年二月号～二〇一五年十二月号
二〇一六年二月号～二〇一七年十二月号
二〇一八年二月号～二〇一八年四月号

大竹伸朗●おおたけ・しんろう
画家。1955年東京目黒区生まれ。74年〜80年にかけて北海道、英国、香港に滞在、1979年に初作品発表後、東京で制作活動を続ける。1988年、制作拠点を東京から愛媛県宇和島市に移す。2006年、初回顧展「大竹伸朗　全景1955—2006」展（東京都現代美術館）。以降は、東京、香川、ソウル、ロンドン、シンガポールにて個展、光州ビエンナーレ（韓国）、ドクメンタ（カッセル）、ヴェネチア・ビエンナーレ（ヴェネチア）、ヨコハマトリエンナーレ、瀬戸内国際芸術祭はじめ国内外の企画展に参加。1986年、初作品集『《倫敦／香港》1980』（用美社／UCA）刊行後、作品集、著作物、CDを発表。総括的な作品集に『SO：大竹伸朗の仕事1955—91』（UCA）、『大竹伸朗　全景1955—2006』（グラムブックス）等。その他、主なエッセイ集に『見えない音、聴こえない絵』、『ビ』（共に新潮社）、『既にそこにあるもの』、『ネオンと絵具箱』（共にちくま文庫）、絵本に『ジャリおじさん』（福音館書店）がある。2004年より月刊文芸誌「新潮」にエッセイ「見えない音、聴こえない絵」連載中。
ohtakeshinro.com

ナニカトナニカ

著　者………大竹伸朗《おおたけしんろう》
発　行………2018年11月30日

発行者………佐藤隆信
発行所………株式会社新潮社
住　所………〒162-8711
東京都新宿区矢来町71
電話　編集部　03-3266-5411
読者係　03-3266-5111
https://www.shinchosha.co.jp
印刷所………大日本印刷株式会社
製本所………加藤製本株式会社
乱丁・落丁本は、ご面倒ですが小社読者係宛お送り下さい。
送料小社負担にてお取替えいたします。
価格はカバーに表示してあります。

ISBN978-4-10-431004-3 C0095

デトロイト美術館の奇跡　原田マハ

「助けたいんです。この絵を」。アメリカの美術館で本当にあった感動の秘話とは？　『楽園のカンヴァス』『暗幕のゲルニカ』の系譜を継ぐ珠玉のアート小説。

眩《くらら》　朝井まかて

北斎の娘に生まれ、父の右腕を務めながら独自の色彩を追求した〈江戸のレンブラント〉葛飾応為。全身全霊を絵に投じた天才女絵師の生涯を圧倒的リアリティで描く。

建築家　安藤忠雄　安藤忠雄

プロボクサーを経て、独学で建築の道を志した。生涯ゲリラとして——。建築を武器として社会の不条理に挑み続けてきた男が、激動の人生を綴った。初の自伝、完成！

アートの起源　杉本博司

芸術の起源とは、人間の意識の起源である。そこにこそ、現代を生き抜くための手がかりがあるのではないか。作品図版多数、人類学者・中沢新一氏との対談も収録！

なんにもないところから芸術がはじまる　椹木野衣

大竹伸朗の「貧者の栄光」、飴屋法水が24日間籠った「暗室」、榎忠の「半刈り」……『日本・現代・美術』の著者が、モダン・アートの最先端を挑発する批評の冒険！

奇想の発見　ある美術史家の回想　辻惟雄

奇人の絵こそが面白い——若冲、蕭白、又兵衛など、日本美術史の片隅でキワモノ扱いされていた画家たちを再発見した辻センセイ。その愉快でトホホなハミ出し人生。